年間200回メディア出演を実現させる

広報ekky《エッキー》流「伝わる」の本質

𡋽《えき》 晋介
ekky

徳間書店

年間200回メディア出演を実現させる

広報ekky《エッキー》流「伝わる」の本質

㘾《えき》 晋介
ekky

徳間書店

まずは、左ページの文章を音読してみてください。

――あれ、あの花《はな》を見て、お心《こころ》をお和《やわ》らぎゃっという。産子《うぶこ》、這子《ほうこ》に至《いた》るまで、此《こ》のういろうの御評判《ごひょうばん》、御存《ごぞん》じないとは申《もう》されまいまいつぶり、角出《つのだ》せ、棒出《ぼうだ》せ、ぼうぼう眉《まゆ》に、臼《うす》、杵《きね》、擂鉢《すりばち》、ばちばち、ぐゎらぐゎらぐゎらと、羽目《はめ》を外《はず》して今日御出《こんにちおい》での何茂様《いずれもさま》に、上《あ》げねば成《な》らぬ、売《うら》ねば成《な》らぬと、息《いき》せい引張《ひっぱ》り、東方世界《とうほうせかい》の薬《くすり》の元締《もとじめ》、薬師如来《やくしにょらい》も照覧《しょうらん》あれと。ホホ敬《うやま》って、ういろうはいらっしゃりませぬか――。

これは『**外郎売**《ういろううり》』といって、長《なが》台詞《ぜりふ》で知られる歌舞伎の演目です。歌舞伎役者さんが演じれば、時間にして約6分。たしかに長い台詞ですよね。そこからクライマックスの場面を抜き出したものです。

何を話しているのかというと、薬を売るために、その効能や由来を様々なトーンで聞き手に伝える、営業トークのようなものです。

時に早口言葉のようになったり、情感を込めたりする場面もありますので、アナウンサーさん、俳優さんなど、**人前で話す仕事のかたたちには、発声や滑《かつ》舌《ぜつ》のトレーニングにもってこい**なのだそうです。

僕も毎朝、会社に早めに到着して、会議室にこもって『外郎売』を音読しています（お恥ずかしいですが、音読中の動画がありますので、ご興味のあるかたは、こちらのＱＲコードからご覧になってみてください）。

申し遅れました。**サンコー株式会社広報のｅｋｋｙ（エッキー）です！**
この本を手に取っていただき、ありがとうございます！

僕が担当している**「広報」**の仕事は、自社のことに興味を持ってもらうために対外的に**「広く報《しら》せる」**ことがミッションです。そのためには、こちらから発した言葉が、**相手に対してしっかりと伝わること**が何より大切です。

口ごもっていたり、滑舌が悪かったり、おなかから出せていない小声では、相手は聞き取りにくいですし、むしろ「不快な気持ち」になってしまうかもしれません。

僕はテレビなどのメディア出演や、講演などのお話をいただく機会があり、しっかりとした声で「伝える」ということの意味を痛感しています。

実は、このことが僕にとっての広報という仕事の最大のポイントになっています。

●「伝える」ということ

広報の仕事、いえ、人とかかわるすべてのこと、恋愛にだって、思いを「伝える」ということは欠かせないスキルです。

「この伝え方で相手のかたは、こちらの思いを受け止めてくれるのかな？」

「一方的に、こちらが話しているだけに終わっていないかな？」

僕はいつも、それを考えます。

そして「伝える」ためにいちばん大事なことは、

相手のかたは、受けとめるのか

を想像すること、と気づかされるのです。

僕はビジネス書、自己啓発のための本が好きで、これまでにもたくさん読んできました。

今、ページを開いておられるかたがたの中にも、おそらくこの2作をお読みになったかたは多いと思われますが、**佐々木圭一さんの『伝え方が9割』（ダイヤモンド社）**とか、**永松茂久さんの『人は話し方が9割』（すばる舎）**は大変なベストセラーになりましたよね。

それはつまり、「伝える」「話す」ことに関心を持っておられるかたが、相当数いらっしゃるということです。

どうすればこちらの考えが伝わるのか。
伝わりやすい言葉にするにはどうすればいいのか。

きっと、たくさんのかたが頭を悩ませていることと思います。

大先輩たちは、そうした本から「伝え方」「話し方」を丁寧に分析しておられました。

僕はそこにさらに一つ、自分なりの経験から得た解釈を付け加えたいと思っています。

1 伝えたいことがある

↓

2 こんな言葉で伝えてみたらどうだろう？

↓

3 相手のかたはどう受けとめるだろう？

↓

4 相手のかたは今、何を求めているのだろう？

↓

5 相手のかたをもっと知りたい

↓

「まずは、相手のかたと自分との関係性をつくろう！」

伝えたいことがあっても、こちらから**一方通行で勝手に手渡すだけでは、意味がありません。**

相手が今、何を欲しているのか。それがわかる関係であるために、僕は伝える先（それは主にメディアのかた、お客様なのですが）に対して、皆様が何を喜んでいただけるのか、いろいろなアイデアを考え、実践してきました。

おかげさまで、広報としてのそうした蓄積によって、小社の商品の**年間テレビ露出数は２９６回（２０２１年）を数えることができ、僕自身も『２０２１ベストＰＲパーソン』**（『ＰＲマガジン』主催）に満場一致で選ばれたのです。

今回、初めて出版させていただく、僕にとっても大切なこの本には、広報の仕事と、これまでの半生の中で僕が「伝える」ためにしてきたこと、そこから得た気づきのすべてをまとめさせていただきました。

さらに、仕事でもプライベートでも刺激し合い、学びを与えていただいているお二人との対談も収録させていただいています。

お一人は、**TikTokアカウント『広報ユイカとヒロシ』**でおなじみの株式会社リソースクリエーションの広報担当、広報ユイカさん。

動画投稿を使った斬新な企業広報や人材採用のあり方を、いっぱいお聞きしました。もちろん、『広報ユイカとヒロシ』の裏話も――。

もうお一人は、テレビ番組などの構成作家であり、ブランド戦略プロデューサーとして、事業会社の広報担当者など1300人以上が集まるコミュニティ**『広報は夜の7時』**を立ち上げた、金森匠さん。

広報の仕事をしているかたからすれば必読の**「どうすればテレビやメディ**

アで紹介してもらえるのか」を、詳しく明かしてくれています。

僕と同じ広報の仕事に就いておられるかただけでなく、誰かに自分の考えや要望を伝えたいのだけれど、なかなかうまくいかなくて……などと思っているかたにも、ヒントになるようなことを何かしらお伝えできるのではないかと考えます。

それでは、始めさせていただきますね！

2023年7月吉日、社内会議室で『外郎売』を暗唱しながら

サンコー株式会社広報部長　ekkyこと圴《えき》晋介

目次

第1章

当たり前だけど、いちばん大切「伝える」のきほん

本質＝相手が受け入れて初めて伝わる

第2章

テレビを味方につける広報の「伝え方」

本質＝テレビの素材になれ

どうすれば伝わるの？
対談

vs. 広報ユイカ氏

（株式会社リソースクリエイションSNS事業部部長）

SNS動画投稿からの伝え方を教えてください！

第3章

リリース&レターに思いの丈を込めました！

本質＝相手の役に立って良好な関係をつくる

第4章

自分のキャラクター化が「伝える」を加速させる！

本質＝なりたい自分に変化すればさらに伝わる

どうすれば伝わるの？
対談

VS. 金森匠氏
（放送作家・ブランド戦略プロデューサー）

テレビが取り上げる基準を教えてください！

第 1 章

当たり前だけど、いちばん大切「伝える」のきほん

本質＝相手が受け入れて初めて伝わる

新製品のリリースを書いたり、ニュースレターをつくったりするとき、僕は、意識的に「文章の隙間をつくる」ようにしています。

わかりやすい文章は、風通しがいいんです。

ぎゅうぎゅうに詰めた文章って、どう思います？

書いた人にはきっと、いっぱい伝えたいことがあって、いっぱいの文字を使って、それを書いているんでしょうけれど、どこか圧を感じてしまうことが先に立って、読みながら考えることができづらい気がします。

だから、文章の隙間ってとても大事だと思うんです。

隙間風が普通にすんなり、きれいに通るような言葉で伝えたい。

この本は、一部のページを除いて、1ページに35字×13行で、かなりゆったりめに書かせていただきました。

読みながら、そうなのか！　これはどうなんだろう？　とか、いろいろと考えてもらえる場所＝隙間があることって、大事だと僕は思います。

さて、本題に入りますね。

●なぜうまく伝わらないんだろう……？

話しても相手にわかってもらえない。
真剣に話を聞いてもらえない。
前に話したことを覚えていてくれない。
話しているのに相手はスマホに夢中。

――「伝わらない」ときっていろんな場面があります。なぜ伝わらないか。
そのいちばんの核心を、ものすごく簡単に言えば、こういうことなんです。

「すごくおいしいから、これ食べてみてよ」

「今、おなかいっぱいだからいらない」

この本で僕がこれから書き進めて伝えようとしていることは、この言葉のやり取りに集約できるかもしれません（でも、この先にいろいろと具体例を書いていますので、ここで読むのを終わりにはしないでください！）。

伝えたい相手がそれを求めていないということなんです。

聞く態勢になっていない。

情報を受け入れる状態になっていない。

伝える側がどんなに大切だと思っていることでも、そして、それが多くの人が素晴らしいと認める価値があったとしても、それでは一方通行になってしまうのです。

では、なぜ聞く態勢になっていないのか？

このページをめくる数秒の間で、ちょっと考えてみてください。

答えはこちら←。

相手にとって、その情報が「自分ごと」になっていないから。

関心を持っていなければ、相手にとっては「価値がほとんどない情報」になる。

あらゆる情報は、受けとめる側の状態、タイミング次第で、価値を生んだり、生まなかったりするのです。

「一度は食べてみたい！」とずっと思っていた高級しゃぶしゃぶ店の、最高級A5ランクの牛肉を使った5000円のランチが「今日だけ500円！」と言われれば、すごくうれしいですよね。すぐにでも行きたくなります。

でも、そのとき、すでにお昼を食べ終えていて、おなかいっぱい、満腹状態だったら、その情報は価値を持たない。

もうこれ以上食べられない

←

自分ごとにならない

「花粉症にはこれが最強！　どんな花粉症ともおさらばできる最強マスク」なんていうものがもしあれば、ひどい花粉症で、春先にはぐじゅぐじゅになってつらい思いをしているかたには、素敵な朗報です。

でも、花粉症ではない人にはどうでしょう。

花粉症じゃないから使わない

←

自分にとっては価値がほとんどない

その人が花粉症になったら、「価値がある」となるかもしれませんけれど。

つまり、伝える情報の価値は、

「その人が『今の時点のメリット』を感じられるかどうか」なのです。

その人が、そのタイミングで、「自分ごと」として捉えたとき、情報が初めて価値を持ち、伝わる状態になっていくのです。

もし、相手と対面で話しているのであれば、相手の表情、目の動き、手の状態、体の角度や動作、声のトーンなどから、興味を持って聞いてくれているかどうか、ある程度はわかるでしょう。

まずは相手に、こちらが伝えようと思っていることに関心を持ってもらってから、大事なことを伝える＝本題に入ることが大切なのです。

ただ、「関心を持たせる」という作業がいちばん難しいんです。

いろいろな伏線を張って相手が関心を持つような興味のありかを探していく。

それでも、なかなかすぐには見つからないものです。

●目の前の商品に関心を持つまでの心理

対面販売を例に、商品の魅力の伝え方を想定してみます。

商品を前にしたお客様の心の中を想像すれば、おそらくこのような感じではないでしょうか。

「これはいったい何なんだろう？」
「これを使うとどんなメリットがある？」
「自分の生活にこれは必要なのか？」

お客様の目の前に置かれた商品が、仮に汚れを落とすクリーナーだとします。

すると最初は、

「家で汚れを落とすときに、これを使う必要があるのかな？」

←

「これ、使ったら便利なのかな？」

←

「とても大事に使っていたソファを汚してしまった」

←

「汚れを落とそうとしたけれど、うまく落ちなかった」

最終的にお客様自身の体験につながっていけば、自分ごとになるのです。

そこに「これまであきらめていた汚れもこれで解消！」という、この商品の従来品との特別な違いが加われば、「じゃあ、すごくいい物なんだ」と受けとめてもらいやすくなるでしょう。

その結果、お客様の心理は、

「本当にこれを買ったら、ソファがきれいになるのか？」

↓

「自分のかなえたいことが、かなえられるのか？」

と、その場の実演に対する関心度がまったく変わってくるのです。

さらに慎重なかたであれば、その後、自分でネット検索をし、様々なレビューを見て、商品が信用できるか確認し、購入につながるかもしれません。

ただ、ネット検索までしていただけるのは、お客さん側が商品のことを受け入れる状態になったからです。つまり、

お客さん自身の日常で、この商品がどういう位置づけになるのか。

僕はこのことを、

過去の経験と照らし合わせながら、
自分ごととして考えてくれた。

お客さんが自分のストーリーとして受け入れてくれた。

と言っています。

物語というほど大げさなものではないかもしれませんけれど、この商品と過ごすお客さん自身の日々と考えていただければと思います。

●独《ひと》りよがりな押し付けになっていませんか？

ところで、商品というものは、大まかにいえば次の5種類に分けられると思っています。

①ただでもらったとしても、自分にはいらないもの
②ただでもらえるのであれば、試しに使ってみてもよいもの

③ただでもらえるのであれば、喜んで使ってみたいもの

④少しくらいなら、自分でお金を出して買って使ってみたいもの

⑤自分で買ってでも、ぜひ使いたいもの

もちろん、相手が⑤の状態であるのがベストなのですけれど、なかなか最初からそういう受けとめ方になっていただけるものではありません。

それに、①の「ただでもらったとしても、自分にはいらないもの」であれば、押し付けられてもいらないということなのでしょうから、無理強《じ》いするのは押し売りと変わらなくなってしまいます。

それを「お付き合いでお願いしますよ」みたいな感じて、無理やり買わせてしまったら、いらないものを押し付けられただけで、その人にとっての価値なんてまったくありません。

無理やり考えれば、相手にとってその商品を買う価値は、商品自体への関心などではなく、あなたとの「付き合い」を続けるためだけです。

当然、手にした商品は、家の中でも邪魔なだけでしょうし、付き合いで買わせるようなことをしていては、いずれ信用も失ってしまいます。

テレビショッピングなどにも言えることと思いますが、視聴者がちょっとでも「押し売りのようだ」と感じてしまったら、そこで信用がなくなってしまうのです。

押し付けがましさは、相手とのコミュニケーションの大敵なのです。

良いところを伝えるときこそ、相手がどう受けとめるのかを考えて、

「独りよがり」にならないことが何より大事なのです。

価格の安さだけを売りにする本末転倒

関心を持ってもらうために、いろいろな言葉を使うのは当然です。

ひとつ例を挙げてみますが、飛び込みで急に来た営業マンに商品の説明を一方的にされて、「今月のノルマに届かないんです、助けてください、注文してください」と言われたとします。

今月のノルマに届かなくて困っている。それはお気の毒に――と思う人はいることでしょう。

ただ、これで購入に至る気持ちになるかたはあまりいないと思います。

なぜか。つまりはこういうことです。

気の毒には思うけれど、助ける関係性にはなっていない。

これまで書いてきたことと同じで、

「相手は受け入れる状態になっていない」ということですね。

それでも「お願い」を強要するのでは、これも押し売りと変わりません。

あとは、価格の安さだけを売りにすること。

「安いですよ」とひたすら伝えても、とても買う段階にまではなりませんよね。

もちろん、相手によって「いくらまでなら出す」という基準はあるのだと思いますが、そこばかり狙っているのでは、

その商品の「良さを伝えたい」という本質から離れてしまいます。

前述の「②ただでもらえるのであれば、試しに使ってみてもよいもの」として受け入れてもらえているのであれば、価格の安さを訴えることの効果は期待できると思います。

ただ、その前段階でいくら価格を理由に煽《あお》られても、その人にとっては、まったく買う価値のないものなのです。

相手が受け入れられない状態で価格情報だけを伝えてしまうことは、結局のところ、「とにかくお願いします」「買ってください」の押し付けになってしまって、相手の立場にまったくなっていないのです。

自分にとってプラスになるかわからないものを、よく知らない人にお願いをされて買うことになるのは、はっきり言って、苦痛ですからね。

●商品の優れた部分より先に相手に伝えること

せめて「ただでもらえるのであれば、試しに使ってみてもよいもの」という②の捉え方以上であれば、相手の関心の視野には入っていると見ていいでしょう。

その段階を踏まえてから、「自分がお金を出して買って、その効果を得たい」と思ってもらえるような価値を見出してもらう。

つまり、先ほどでいうところの「④少しくらいなら、自分でお金を出して買って使ってみたいもの」「⑤自分で買ってでも、ぜひ使いたいもの」へと向かう流れをつくっていくということが不可欠です。

では、そのためにどうしたらいいのでしょう？

「商品の優れた部分を丁寧に説明することによって、関心を呼び起こす？」

もちろん、それも大切なことですよね。

でも、もっと有効なのは、そうした特徴、スペックなどを説明する前の段階につくっておくべき関係性。

そして、自分ごととして捉えてもらえるために、

相手の「ストーリー」の中で、この商品がいかに機能するか。

これは第2章で触れる「伝わり方を意識したリリース＆レターの書き方」のところでも触れますが、こういう流れで関係をつくるのが良いかと思います。

私：「生活の中でこういう経験はありませんか？」
←
相手：その経験の具体的なイメージを喚起させる
←
私：「その悩みを解決することができるかもしれません」
←
相手：自分ごととしてとらえる

ひとつの商品の実例を挙げて、この考え方をひもといてみますね。

靴専用ミニ洗濯機『靴洗いま専科2』。

こちらは、ブラシが仕込まれた靴専用の超小型の洗濯機で、「手を汚さず濡らさず、靴を入れるだけ」で、ゴシゴシ洗いとパワフルな水流で、靴の汚れを落としてくれます。

　これは、とくに子供用の上履きや運動靴などを日ごろから洗っているお母さん、お父さんがたには、結構イメージしやすいんじゃないかと思います。

『靴専用ミニ洗濯機「靴洗いま専科２」』
https://www.thanko.jp/

図式化すれば、このような感じでしょうか。

上履きや運動靴はいつも汚して帰ってくる

↓

ブラシでゴシゴシ洗わなければならない

↓

手が荒れるし水にも濡れるし面倒だ

↓

こんな商品、ありますよ！

- **ブラシ洗いの効果がある洗濯機**
- **手が荒れないし濡れません**
- **左右同時に洗えます**

『靴洗いま専科2』は、靴をポンッと入れれば、回転するブラシが今まで手で行っていたゴシゴシ洗いをしてくれます。

つまり、これも、靴洗いを頻繁にしなければならない状況にある人の「ストーリー」ですよね。

この商品が「ストーリー」の中にあることで、

◎簡単だけどブラシ洗いなのできれいになる→いちばんの目的の満足！

◎手を濡らさず、荒れずに済む→面倒くさくない！①

◎一度に一組丸洗いできる→洗濯回数が増えても平気！②

◎①&②→空き時間ができて、他のことに使える！

こんな具合に「自分ごと」にしていただけるのではないかと思います。

「これ、役に立ちそうだ」

「これがあったら、きっと便利だ」

まずは、相手にそういう感覚になってもらえるようにすること。

僕が意識する伝え方、そして伝えたい相手への思いを、僕自身の広報としての発信などに落とし込むようにしています。

●車の営業マンは車を売るのみにあらず

ちょっとさかのぼった話をします。

僕が伝え方について、相手の聞く態勢や相手の立場になって考えることの大切さを学んだのは、大学を卒業して最初に就職した自動車ディーラーで営業マンをしていた時期です。

お客さんに対して、僕が一方的に買ってもらいたい車のセールスポイントを

説明しても、誰も耳を貸してくれない。

そこで僕は、考えました。

高性能を伝えても、関心を持ってくれないのはなぜ？

↓

車に関心を寄せる人は、全員が高性能に惹かれるわけじゃない

↓

この車がある生活に、どんな魅力があるんだろう？

↓

この車は、こんなふうに役立ちます！

いわゆるカタログ的な「良いところ」ばかりを並べても、おそらくイメージは湧きませんよね。

そこを「相手の役に立てる」という段階まで噛み砕いて、お客様に提案をしだしたら、多少なりとも僕の話に関心を持ってくださるお客様が増えてきました。

それを感じてからは、だいぶ相手目線に立てるようになれたと思います。

当時の僕が何度となく読み返した本があります。それがこれ。
『車を30年で6000台売った男の秘密』（高根沢一男・著／エール出版）
18歳でマツダのディーラーに就職し、29年間でこのタイトルにある台数を売ったトップセールスマンについて書かれたビジネス書です。

ここに徹底して書かれていたことが、要約すればこういうことでした。

営業というのは、その人のためになることだ。

営業マンとして、今の広報としての仕事にも通じる部分です。

長年、高いレベルで売上を続けてこられた秘訣を、こう記されています。

「とにかくできるだけ多くの人と、できるだけ何度も会う。セールスはこれにつきるのである」

「相手の役に立たないと、すべてがうまくいかない」

「相手のためだったら、他社ディーラーの車を紹介してもいい」

当時の僕には相当な衝撃でした。だって、

営業マンなのに自社の車を売らないで、他社の車を紹介する

と言うんですから。


しかも、その理由も明快でした。

「相手のためにちゃんと動いて、結果的に信頼関係がちゃんとつながっているのであれば、タイミングを見て、自分にも返ってくることもある」
「それで、もし、その人に、ずっと買ってもらえなくても、車の購入を検討してくれる他のかたを紹介してくれるから」

実際、その紹介というのが結構多かったそうです。
「これがベストだからと他社品を紹介してくれる人なら、知人も大事にしてくれるだろう」という、信頼関係がつくれているからなんですね。

車の営業マンという同じ環境で働いていたから、感じ入ることが多くて、「相手のためにならないと何もならない」という相手目線は、あのころに育まれたと思います。

大切なのは、まずは信頼関係、人間関係を築くことだ——と。

●営業は雑談が8割というけれど……

職場の上司から、「営業の8割は雑談だ」と言われ、そこから関係性をつくっていったことがあります。

どれだけ雑談が長くてもいい。

営業先に行ったら商品の話をしなくていい。

とにかく雑談しろ。

——それが上司の教えでした。


ただ、そう簡単に、新人が雑談ってできないものです。

先方からの「そんなことよりも、早く用件を言え」という視線も感じてしまいますから。

それでも頑張って雑談していると、いつしかお客さんの反応が、思いのほか細かく伝わってくるようになるものなのです。

お客さんは、こちらのことをかなり細部にわたって見ています。

営業マンが車のセールストークをしているときから、

◎自分の営業成績のために車を紹介しているのか？
◎完全にお客さんのことを思って、この車を紹介しているのか？

それを営業マンの一挙手一投足からうかがっているのです。

自分の営業成績やノルマ達成のことしか考えていないという、本来、伝えたくはないことのほうが、簡単に伝わってしまいます。

これもお客さんの側が「自分ごと」として、営業マンの言っていることに耳を傾けているからなのでしょう。

さて、ここまでは「伝え方」のきほんについて、いくつもの例を挙げて、書かせていただきましたけれど、根っこの部分は一つです。

相手=伝えられる側のことをどこまで考えているのか。

ご理解いただけましたね。

さあ、次章からは、広報ｅｋｋｙの仕事を、もっと具体的に公開してまいります。

第 2 章

テレビを
味方につける
広報の「伝え方」

本質＝テレビの素材になれ

●テレビで取り上げられるためのたった一つの条件

さて、この章では「伝え方」の実例として、ふだん、僕がメディアに対して行っている広報活動の例を挙げながら、お話を進めてまいります。

僕と同じ広報の仕事に携わるかたがたには、ストレートに参考になる部分もあるかもしれませんし、それ以外のお仕事のかたにも、伝え方の方法論の一つとして受けとめていただけることと思います。

僕は新製品が発売間近になると、基本的にはメールになりますが、１０００人くらいのかたに向けてリリースや企画書をお送りしています。

これがメディアの担当者のかたの目に留まっても、テレビで採用される確率は限りなく低いです。

というか、まず簡単には取り上げてもらえないものです。

採用されるかどうかは「タイミング」なんです。

そのとき番組で取り上げようとしているテーマ、企画にマッチしているかどうか。サンコーの商品が、たびたびテレビ番組でご紹介いただけるのも、ひとえにそれが理由です。

ここで考えてみたいのは、そのタイミングをどうキャッチするのかということです。

前章のことをちょっと思い出してみてください。

なかなか伝わらない理由を、僕はこう指摘しました。

相手にとって、その情報が「自分ごと」になっていないから。

これはメディアの方にとっても、まったく同じことが言えるのです。

「相手＝テレビ番組」にとっての「自分ごと＝番組企画のネタ」になっているか。

毎日の情報番組を担当されているテレビマンの方（巻末の対談に出ていただいた金森匠さんは、まさにその世界のベテラン放送作家さんです）は、番組企画になるようなネタを常に求めています。

ただ、多くのスタッフから莫大な量の情報が届きますから、そこからの企画通過までは結構、熾烈《しれつ》な争いになります。

テレビ局って、簡単に連絡するのがはばかられる、なかなかハードルが高い

印象がありますよね?

それに、持ち込まれる情報もケタ違いに多い。

そう考えると、いくらこちらから伝えたい情報があっても、まず届かないだろう……そんなあきらめの気持ちが出てきてしまうことでしょう。

だからこそ、情報を渡された側の気持ちを考えて、伝え方を考えることが大事なのです。

そのために必要なのは、やはりここでも、本書の冒頭で書いた通り、「相手との関係性」を築くことです。

もちろん、この場合、相手とはテレビマンのかたを指します。

●番組エンドロールにヒントは隠れている

サンコーに入社した当初、僕は「最新家電」「〇〇グッズ」「潜入〇〇」「クイズ〇〇」といったテレビの情報番組にかかわっている制作会社、２５０社に対してメールと封書で情報を送りました。

２５０社は、番組のエンドロールから制作会社の情報を得たり、インターネットでひたすら探し、番組制作会社の情報を見つけて、送り先の住所を突き止めたりしました。

担当ディレクターの名前

エンドロールには結構、いろいろなヒントが書かれています。

曜日ごとに変わる制作会社

名前がわかれば、まずはそのかたあてに送ることができます。

そして、制作会社名がわかれば、

その制作会社がどんな企画を担当することが多いのか
他にどんな番組をつくっているのか

その会社に対して伝えるのにふさわしいもの、関心を示してくれる可能性のあるものを絞ることだって可能になります。

ちなみに、テレビのかたがたへの僕のスタンスは、どんな番組に対しても、常に変わらず、この姿勢です。

ご一緒に、良い番組をつくらせていただきます！

自社商品の紹介をどうにかして番組にねじ込みたい――そんな一方的な売り込みには、皆さんも慣れっこでしょうから、すぐに見抜かれます。テレビのかたがたの目的は、番組が視聴者にもっと見られることにあるのですから、そこを一緒に実現しましょう、という姿勢でなければ、きっと響かないと思います。

なので、こちらから情報を流す以前に、基礎的なことは知っておかないといけないですね。

もちろん、先方と同業者のように緻密《ちみつ》に理解するほどでなくていいと思います。

どのテレビ局でも共通の部分を、しっかり押さえておくことです。

番組の時間帯によって、ターゲットの視聴者はどの年齢層になるか。

朝8時台までは社会人が出勤前に見ていて、その後は主婦のかたが中心、といった具合です。

時間ごとの視聴者の年齢層は、どのテレビ局も似ているので、同じ時間帯だったら、基本的に同じネタ、同じ商品が、よく取り上げられる傾向にあります。

同じ時間帯の裏番組からも、同じ商品を取り上げたいと連絡があるケースがあります。

現場のかたからすれば、それは絶対に避けたいカブリなので、僕は黙って両方で紹介してもらうようなことはしません。

制作会社側にそれとなく、同時間帯の他局の番組に紹介されます、とやんわりとお伝えしています。ここでも不可欠なのは、このことですね。

相手の立場＝自分ごととして考えてみる

この手の話は、起きがちなことなのです。

他局だから起きるというわけでなく、同局内、場合によっては**同じ番組の曜日違いで、同じ商品を紹介してしまう**可能性はあります。

前に触れた通り、曜日ごとに制作会社が違うからです。

テレビ関係者のかたからお聞きするのは、同じ番組内でも制作会社間で情報が共有されていない、ということです。

同じ局内の連続している番組同士も、同様です。

「あれ？　前の番組で取り上げてたぞ」

などと発覚すれば、番組の担当テレビマンのかたと、商品を紹介してもらった広報担当者との間の信頼関係は崩れてしまうでしょう。

テレビのしきたりというか、**現場の実情や起こりがちなトラブルなどを先回りして把握する**など、相手の目線で物を考えていることが伝われば、その先の関係性はより深まっていくでしょう。

そうすれば、先方はきっとこう思ってくれるはずです。

あの人はこちらの事情がわかっているから、仕事がしやすい

↓

また、あの人と仕事がしたい

また、僕は邪魔にならない限り、現場のＡＤさんのお手伝いをするようにしています。

急に決まった収録だと、ＡＤさんも商品のことがよくわからないので、一緒になって商品準備や撮影の補佐をしたりしているのですが、そういうことって、

ADさんは上に立場になられても覚えていてくれるんですよね。

●今は無理でも先々のネタ帳の中に加えてもらう

今、僕がプレスリリースやニュースレターをお送りするかた約1000人のうち、約9割がそうして関係性を築かせていただいたかたがたです。

ただし、厳選してお送りする1000通でも、実際に番組内で取り上げられる確率は決して高くありません。

だから、すぐに触れていただけることはなかったとしても、

頭の片隅に残る「何かと頼れる存在」

ということになってほしい。

そのためにはメールだけでなく、**頭の片隅に残しておいてほしいものに関しては、郵送でも送る**ようにしています。

その目的は、通常の商品のような情報を伝えるということではありません。

向こうにとっての今後のネタ帳にしてもらうために。

そのとき、テレビのかたがサンコーの商品に興味がなかったとしても、ちょこっとひと言だけ添えて、会議で何かの足しにでもなればと考えています。

○○の日がやってきますね。

□□が合う時期になりますね。

番組企画のネタ帳の末尾にでも入れていただければ、という思いです。

その際、今も結構使える存在なのが、これ。

紙による郵送、そしてFAX

メールはスルーされがちですが、紙なら見るか捨てるかになるので、そこに必ずアクションが生じます。

受け取った人が見て面白いと思ったら、担当者に直接手渡せる速さも紙ならではですね。

実際、サンコーの商品は、そのとき、番組に取り上げてもらえなくても、あとになって情報を思い出していただけることが多いんです。

「そう言えば、あのオレンジ色シャツの彼から何かネタが届いていたな」

そうやって気づいてもらうために、僕がしていることが、これ。

情報を記したリリースやニュースレターには、僕というキャラクターｅｋｋｙを目に付くところに必ず入れておく。

ｅｋｋｙキャラクター誕生の経緯と狙いについては、第3章で改めて説明しますが、一度でも目を通していただいたかたには、あの個性的な外見によって、かなり高い確率で僕のことを思い出してもらえるんです。

心理学的には**「単純接触効果」**というのですが、何回も見れば、見るほどその人に親近感が湧きやすくなるのだといいます。

僕をイメージすることで、

「あの人なら、何かあるかもしれない」

そう思ってもらえればうれしい限りです。
伝えたい相手との間の関係性がより深くなったと言えるでしょう。

●第一目的は番組の視聴者を喜ばせるということ

情報番組の中で商品を紹介するコーナーの目的って、何でしょうか？
すごく簡単に言うと、こういうことなのです。

×制作側が「この商品を見せたい」と思ったから
○視聴者が「この商品を知って喜ぶ」から

流れとしては、制作者が取り上げた、ということになりますけれど、主語が違うので、意味合いは大きく異なります。

ただ、どちらの主語であったとしても、観点はただ一つ、

「ああ、これ、世の中が必要としているな」

世の中に今求められているもの＝トレンドということなのでしょう。

番組企画の会議には、様々な商品情報が集まってきます。
それらを前にして、制作スタッフの皆様は、様々な意見を言い合います。

「これ、珍しいよね」
「ああ、こんなの、みんな、欲しがるんじゃない」
「でも、それって、みんなにちゃんと受け入れられるかな？」

それぞれ見ている商品は違っていても、共通して考えているのは、

「なぜ、今」

ということです。

例えば、いくら最新であっても今紹介する理由がなければ扱いづらい。

電気代の値上がりという状況であれば、電気代がお得な方法、省エネ家電、といったことがキーワードになるでしょう。

さらに言えば、どんな番組も、ビジネスでも同じですが、

世の中を幸せにするためにサービスを提供しています。

「視聴者の方の役に立ちたい。ハッピーになってもらいたい」という思いで、事業をやっているわけです。

こういったものが今、世の中に求められているのではないかという仮説を基に、テレビという媒体で、動画という手段で、楽しさや驚きを表現しています。

広報として、自社商品を番組で取り扱っていただきたいのであればなおさら。

制作の現場と思いを共有する

それを先回りして考えておくべきだと僕は思います。

だから、次のことは声（文字）を大きくしてお伝えしておきたいと思います。

自社製品の売上に結びつくような紹介をしてもらうことを優先させて考えてはいけません。

繰り返しになりますが、制作サイドの目線、立場になって情報を提供するべきなのです。

そうした相手のことを考えた対応は、結果として、「この広報さんとは、今後、付き合っていってもいいいな」という思いが生まれ、関係性がつくられていくのです。

僕はまさに、その積み重ねできました。それがやがて、

「ekkyさんに聞けば、面白いものがあるかも!」

と思っていただけるような現状につながったのです。

こうして良好な関係性が一つでもできてくれば、そこからまた、新しいメディアのかたとの関係を増やしていくことができるものです。

横のつながりというよりも、実際に、テレビで商品が取り上げられて、番組企画と合致する様子が放送されれば、目に留まる確率も増えていくからです。

良好な関係性が広がっていったことで、今度は、こちらからというよりも、相手のほうから企画立案のタイミングで、

「こういうテーマを考えているのだけれど、何か商品ありますか？」

というお話をいただいたり、そのかたが別の情報番組のかたに僕を紹介してくれて、つないでいただいたその先のかたから連絡が来たこともありました。

ＰＲの本来の目的は何かということに、改めて気づかされるのです。

ＰＲ＝Public Relations〝良好な〟関係性の構築

関係性を構築し、その関係性をさらに良いものにしていくために、広げていきたい相手の立場になって考え、情報を提供できているかがカギを握るのです。

●相手が求めるタイミングを考える

さて、情報の受け手側の**「タイミング」**についての話をもう少ししてみたいと思います。

前に記したことですが、おなかいっぱいの人に「美味しいから、これ食べてください」と迫っても、「今、おなかいっぱいだからいらない」となります。

この場合、狙うべきは、**「おなかが空いているとき＝タイミング」**となるわけですね。

テレビの情報番組で考えれば、毎年必ず放送される**「シーズン企画」**があります。

定番のネタとして、夏なら暑さ対策、冬ならあったかグッズ特集、秋の夜長

を楽しむためのグッズとか。

制作会社にとっては、そのときがまさにおなかが空いている状態。

なので、そこにタイミングよく、番組企画に沿った情報を提供するのは有効です。だから僕は、ニーズを先回りして先方に、

この季節に必ず放送される、定番企画の一覧表みたいにして、そのタイミングに合わせて資料、企画書を送る

という方法を取っていたこともありました。

去年の何月にどういうテーマで番組が商品の特集とかをしたかというのは、こちらも調べて把握しているので、

「そのテーマなら、今年はこれが使えるんじゃないかな」

とテーマに合わせた企画書、ニュースレターをお渡ししています。

どのタイミングだといちばん取り上げやすいのかは、率直にうかがっています。

これは番組ごとに変わってきますし、雑誌などの紙媒体はかなり早くても受け付けてもらえますが、テレビはシーズン一歩手前となるところで求められることが多い印象です。ただ、

タイミングが早すぎれば制作側の関心が薄くなり、真っ只中では他社も殺到する時期なので、インパクトは薄くなってしまう。

当然ながら、急に内容変更になることなどもありますので、一概には言えま

せんが、夏の企画に関連したものは、梅雨前あたりから準備をしておけば、先方もネタ探しが楽になるのではないかと思います。

●番組採用の採否を問い合わせてはいけない

テレビの制作現場との良好な関係がなかなかつくれない広報の人って、少なくはありません。

テレビマン目線での回答は、本書巻末の金森匠さんとの対談にて、金森さんが本音の話をたっぷり語っていただけたので、ぜひそちらをご覧になってください。

僕は広報の視点で、なぜ関係性ができずに終わってしまうのかを、改めて考えてみたいと思います。

情報を伝えたときに**「受け取る側がどういう関係性のもとに見ているか」**ということがすごく大事であることは、繰り返し記してきました。

制作のかたたちは、目が相当肥えています。

だから、ちょっとした言葉の端々から、こちらの番組企画への本気度（番組自体を面白くしようという気持ち）の有無が見えてしまうんです。

「すごく便利な良い商品なので」を連呼するようだと、**「あ、この人は自分のことと自社商品のことしか考えてないね」**となってしまいます。

「良い商品だから買いなさい」という昔の押し売りと同じなんですよ。

少しでも興味を持ってくれていた商品でも、「何だ、押し売りか」となったら取り上げてくれるはずがありません。

もちろん、開発費などをたくさんかけた商品であれば、「どうしても取り上

げてもらいたい」という欲が出てしまうのはわかります。

その「欲」が、**会社からの押し売り**になるわけです。

こうしたレッテルを貼られてしまっては、関係性は築けません。

「もう情報は不要、リリースは送らないでね」となり、何度送っても、ゴミ箱行きになってしまう。

そもそもメールの自動振り分けで、迷惑メールに入れられるようになっていた——。

そうならないためには、これまで記してきたことの繰り返しですが、**「取り上げてほしい」ではなく、番組企画の「役に立ちたい意識」**を前面に見せていくことです。

朝の情報番組は学生や社会人、昼と夕方の情報番組は主婦層、夜の情報番組、経済番組は社会人と、テレビ局は違っても、放送時間帯によってメインとなる視聴者は共通しますから、それぞれの視聴者が喜んでくれるようなテーマで提案をしてみましょう。

そういう意識って、やっぱり伝わるし、覚えてもらえるものです。

そして、そこが大きな分かれ目でもあります。

最初の連絡もそうだし、その後のやり取りもそうですね。

あと、**情報をお送りしてその後どうなったのか**は、いちばん気になりますよね。

反応があればまだしも、反応がまったく得られないということも、全然珍しいことではありません。

そこで急いでやってはいけないことは、これ。

電話で採否の確認

まず間違いなく嫌がられます。

もちろん、電話の仕方にもよりますが、そもそも電話にはこんなマイナス部分があります。

いきなりの電話は相手の忙しい時間を奪っている

反応やリアクションというのは、あくまでも自分が受けとめたい事柄、つまり**自分目線を優先させた**ことになってしまうのです。

逆の立場＝相手の立場になって考えてみましょう。

忙しいときに電話で「どうでしょうか？」と言われても、「興味があれば基本的にこちらから連絡するので」としか言いようがないですよね。

リアクションが求められたことによって、「では、取り上げます」ということには絶対になりません。


僕はむしろ、**二の矢、三の矢を仕込みます。**

最初の情報とはまた別の相手に役立つ情報を、さらに追加していくのです。

リアクションがなければ、**「はい、次はこれです」**みたいに。


それとなく反応を知りたかったら、会話の隅で何の気なしにふらりとたずねるくらいでしょうか。

「僕のＰＣに不具合があって、メールの未通信がありました。ちょうど先日メールをお送りした時期と重なっているのですが、あれ、届いていましたか？」

かなり遠慮がちな聞き方ですけれど、これくらいの姿勢でたずねることは大事ですね。

「毎週送ってくれてありがとう」
「毎月送ってくれるのが本当に助かっている」
などのお返事をいただくことも多くなりましたので、なかなかこの手も使う機会は減りましたけれど。

やっぱり、番組企画への採用の確認電話の一発で、これまでの関係を壊すようなことにはなりたくないですから。

●僕たちは結局「素材」にすぎない

僕は仕事柄、テレビのディレクターのかたとお話をさせていただくことがたびたびあります。

そこで聞くのが、「ほとんどが売り込みばっかりで、聞くのも疲れる」「こっちのことを考えていない」ということでした。

こういうパターンも同じ意味合いです。

「この商品はすごく良いから、取り上げてください」

⇄

「この商品はすごく良いから、買ってください」

まったく一緒の押し売りになっていますよね。

その番組がターゲットとする視聴者はどういった層で、番組でその商品を取り上げることによるメリットは何なのか？

そういったことをまったく考えないで、ただ単に「自社の良い商品だ」と思い込んでいるのは、**単なる一方通行**です（それくらい思い込めるくらいの優れた商品だとしても）。

制作する側に伝えているのは、商品の良さとテレビで紹介してほしいという要望、**いずれも自分の立場のことだけ**なのですからね。

テレビのかたたちは、そういうことに対して、ものすごく敏感です。

まず、相手にしてくれない。なぜって、

テレビの側にとってのメリットがないから。


「出演者のかたが喜んでくれますよ」

「目を引く面白い画《え》が撮れますよ」

これくらい明快に得する話を列挙できていればいいですよね。


テレビマンにとって何が「お得」な情報なのか。

テレビの本質は何か。


相手の基本的な行動原理を知っておかなくてはいけません。

テレビの目的って、視聴者に事実を伝えたり、良質な映像コンテンツで視聴者に楽しんでもらうことです。

ただ、同じくらい重要なのが、ＣＭを見てもらうことです。

番組制作に高額なお金を出してくれているのは、ＣＭを打っているスポンサーさんなので、そのＣＭのお客さんに合うターゲット層に向けて、番組をつくるという要素もあるのだと思います。

そうした中へ、「うちの店の名前を出してくれ」「もっとよく紹介してくれ」と要望ばかり伝えるのは、ちょっと違いますよね。

こちらはスポンサーさんのような高額なお金を出しているわけでなく、基本的にタダで紹介してもらおうということなんですから。

僕たちは、あくまで「素材」。
番組をつくるうえの素材に留まらないと絶対にいけない。

だから僕は、情報を送る際に、「番組のスポンサーさんはどこか」をチェックしています。

――この章、少し広報の仕事におけるテレビのかたとの付き合い方の話が多かったかもしれません。

ただ、「テレビのかた」の部分を、ご自身の仕事に関係する「お客様」に置き換えていただければ、意味合いは共通していることがおわかりいただけると思います。

どうすれば伝わるの？対談

vs.広報ユイカ氏

（株式会社リソースクリエイションＳＮＳ事業部部長）

SNS動画投稿からの伝え方を教えてください！

TikTokアカウント『ユイカとヒロシ』。上司である「取締役ヒロシ」をイジり倒す部下の「広報ユイカ」、そんな二人の動画がバズっている。広報活動は従来の手段からSNS活用が主流となってきた。実はこの動画も、二人が所属する株式会社リソースクリエイションの企業広報の役割を担っているのだそう。「ヒロシくん」とタメ口で、社内いたるところでドッキリを仕掛けるユイカさんに、動画の狙いと、SNSを使った伝え方のポイントを聞いてみます！

普通に求人広告を出しても集まらなかった

ekky　ユイカさんと言えば、TikTokのアカウント**『ユイカとヒロシ』**。所属されている**株式会社リソースクリエイション**の広報と取締役のゆかいな日常は、多くのフォロワーを獲得していますね。

ユイカ　ありがとうございます。配信を始めてから2年くらいたつのですが、今月分（※対談収録時は2023年5月半ば）で諸々まとめると、たぶん900万回くらい見ていただいているんです。昨年3月には月間1280万回再生を達成することもできました。

ekky　すごい数ですね！　社内で仕事中のヒロシさんにタメ口で話しかけて、関西弁でイジり倒す様子が面白くて、僕もついつい見入っています（笑）。ヒロシさんが仕事の電話中にユイカさんがドアを開けていきなり　入ってきて「ヒロシく〜ん」と無理やり話しかけて電話を切らせちゃったり、女子高生の制服で出勤してきたり、お互いにドッキリを仕掛けたりとか。上司と部下が掛け合いのコントみたいなことをしている会社って、楽しくていいですよね。僕

どうすれば伝わるの？
対談

広報ユイカ

株式会社リソースクリエイションSNS事業部長。2020年、同社に営業職として中途入社。その後、広報に抜擢され、SNSを駆使した広報戦略を開始。SNS事業部を立ち上げ、SNS運用代行サービス「エアリク」の運営ほか、広報全般に携わる。SNSインフルエンサーとしてセミナー講師なども務める。同社取締役の「ヒロシくん」をイジるTikTokアカウント『ユイカとヒロシ』（フォロワー10万人超）が広く人気を博す。

◎TikTok：『ユイカとヒロシ』@yuika.hiroshi
◎インスタグラム：『ユイカ』@yuika_a628

も動画投稿をしていますが、あのはじけ方って真似はできません（笑）。

ユイカ　ｅｋｋｙさんもご覧になっていただけているんですね。すごくうれしいです。おかげさまで、幅広く見ていただけているようです。

ｅｋｋｙ　『ユイカとヒロシ』を始めたきっかけって何だったんですか？

ユイカ　２０２１年４月から投稿を始めたのですが、そもそもこのアカウントは、**自社の認知度を上げて人材採用に役立てる目的でつくった企業アカウント**なんです。リソースクリエイションは、人材採用に特化したＳＮＳ運用代行などを展開する企業なのですが、大手ではなく創業歴も浅い中小企業なので、スタート時には名前も知られていませんでした。普通に自社の求人広告を出しても、なかなか人が集まらなかったんです。それでSNSを使って、この会社をもっと知ってもらうことから始めようということになり、流行を細かく分析しながら投稿していきました。

ekky　最初の手応えはどうでしたか？

ユイカ　全然フォロワーが増えなくて、それこそ1か月で100人増えたらいいかなという感じでした。投稿するネタ探しで迷走していた時期もありました。それでも地道に続けていって、バズるポイントがわかってくると、1か月で1万人ずつ増えるくらいに跳ね上がったんです。

ekky　具体的には、どんなことがきっかけになりましたか？

ユイカ　初めてバズったのは、その年の6月30日に投稿した**『退勤時　取締役にタメ口使ってみた』**という動画です。ヒロシくんに「お疲れ様です。今日、仕事どうでした？」と私が声をかけて、ヒロシくんが「なんやかんやでパツパツで疲れたわ」と言ったところに私が「ヒロシつかれたん〜」とタメ口で返すという15秒のものでした。これがいきなり86万回再生されて、8500の「い

いね」が寄せられたんです。

ekky　いきなり跳ね上がりましたね！　すごい！

ユイカ　会社の規模に関係なく、**どんな会社でもバズるチャンスはあるんだ**ということに気づかされました。さらにその後、「ある出来事」で一気に注目度が上がったんですよ。

ekky　それは何ですか？

ユイカ　**「炎上」**しちゃったんです。

炎上でアカウントに拡散力がついた

ユイカ　まったく予期せぬかたちでした。私たちの会社はＳＮＳを使った人材採用をメインでやっていますので、入社してくれる人たちもだいたいインスタをやっていたりとか、ＴｉｋＴｏｋをやっていたりとか、動画投稿に理解がある人が多いんです。学生のインターンのころから来てくれていた子はもちろん、新卒の子も「動画に自分が出てもいいですよ」っていう子ばかり。それで入社式のあとに「じゃあ、みんなでＴｉｋＴｏｋ撮ろうよ！」みたいな流れになって、私が先頭で後ろにスーツ姿の新卒の子たちが並んで踊ってみた動画を投稿したら、一気に叩かれちゃったんですよ。

ekky　え？　それで叩かれちゃうんですか。

ユイカ　そうなんです。たぶんツイッターの炎上系の人なんでしょうね。私たちが踊っている動画を取り上げて「この会社ヤバい」みたいなことを投稿したのがきっかけになって。

ekky　集団で踊ってるからなんですか？

ユイカ　**「新卒で入ってまだよくわからない子たちが、入社初日から無理やり踊らされている」みたいに受けとめられた**みたいで。社員同士では理解があっても、外部から見たら「なんじゃや、この会社？」と思う人もいるということですよね。「こんな会社に入っちゃって、親は泣いてるぞ」みたいな反応もありました。

ekky　ちょっと極端な反応に思えますけれど。

ユイカ　ただ、**叩く人がいる一方で、応援してくれる人も出てくる**んですよ。

この構図って、いわゆる**「炎上商法」**と同じなのかもしれないと気づかされました。炎上を見にきた人の中で、実際に誹謗中傷の投稿をするのはごく一部なんですよね。「何が起こってるんだ？」とうちのアカウントを見にきて、逆にフォローしてくれる人も結構いました。結果、**拡散力が高まりました。**インフルエンサーのかたでもたまに炎上商法じゃないかと思われる方法を使っているケースがありますけれど、あ、こういうことなんだと理解できた気がします。

ｅｋｋｙ　叩く人が増えるのと同時に、ファンも増えたんですね。

ユイカ　そうですね。でも、それから1年後、なぜか同じ動画がＳＮＳ上に広がって、またも炎上しちゃったんです。

ｅｋｋｙ　同じ動画で、2回目の炎上ですか？

ユイカ　そうなんですよ。しかもまた同じ「この会社ヤバい」みたいな理由で。ただ、前回の炎上のときと明らかに違っていたのは、この1年の間に応援してくれる人がめちゃめちゃ増えたので、気づいたらその人たちが**中傷から守ってくれるようなコメントを寄せてくれた**んですよ。「ユイカさんはそういう人じゃない」「この会社って楽しくて素敵だよ」みたいな感じの投稿が増えていって、**「ファンVS.アンチ」**の闘いみたいになっていきました。その比率もだいぶ変わってきた気もします。もちろん、ファンのかたのほうが増えています。

ekky　動画の中身って、ユイカさんが考えているんですか？

ユイカ　そうですね。なんか私がその場で「これやったら面白いんじゃない？」みたいな感じで提案するかたちが多いですね。

ekky　ヒロシさんとの動画はどうですか？　ちょっかい出したりするのって、ふだんからああいう感じなのでしょうか？

ユイカ　そうですね。ヒロシくんとは、上司と部下としての仕事の話をするだけじゃなくて、かなり距離も近いんです。プライベートのこととか、恋愛相談などもしてしまうくらいの関係なので。いつもやっている悪ふざけみたいなことを投稿したところ、反響がとても大きくて、それ以来、『ユイカとヒロシ』の相方同士というか、コンビ結成みたいになりました。

ekky　それが日常風景にあるなんて、会社の雰囲気の良さを感じますね。

社内のリアルを伝えることのメリット

ユイカ　あの動画の狙いも、そこにあったんですよ。実は私、新卒で最初に入った会社を9か月で辞めちゃってるんです。今の会社とはまったく違う美容系の業種だったんですけれど、求人媒体に記されていた仕事の内容と実際に働いてみた職場環境に、かなり大きなギャップを感じてしまって。こんなはずじゃなかった……と全然なじめなかったんです。

ekky　就職の**ミスマッチ**があったんですね。

ユイカ　はい。当時は社内のリアルな雰囲気を知る方法がなくて、もちろん、ＴｉｋＴｏｋなどに社内の様子を投稿するなんていう風潮もありません。きっと私のような思いを抱えて悩んでいる人は少なくないんじゃないかって思って、**社内の雰囲気をあらかじめ伝えることの大切さ**を課題として持っていたんです。

ekky　オフィスってこれからずっと働く、自分にとっての新たな居場所になるところですからね。単純に机がどう配置されているとかくらいだけでも、社内の景色が見えることで安心できるところはあると思います。

SNS動画投稿からの伝え方を教えてください！

ユイカ　こういう空間で働くんだ、こんな人たちがいるんだって、知ってから行くのと知らずに行くのって、全然違いますよね。新卒のとき、私はかなりの数の会社説明会を受けたんですけれど、そういう部分を見せてくれる企業はありませんでした。会社情報とか記号的な情報は『会社四季報』などからもわかりますけど、会社の日常、ふだんの空気感って知りたくても調べようがないんです。会社だけでなく仕事の内容にしても、例えば「広報とは」って検索すればいろいろと出てくると思うんですけど、そこで読む情報よりも、実際に一日働いてみたほうがわかるのと一緒で、**広報の働き方として私の一日の動画を投稿したほうがリアルにわかってもらえる**でしょう。それを見てもらうことで、就活についての不安を少しでも取り除けられればいいかなと。リソースクリエイションに入りたい人がいたら、「私がいるから大丈夫だよ」って思ってもらいたい。「会社の中のことは、私のアカウントを見てもらったら、ある程度わかるようになってるからね」と、不安要素を潰《つぶ》してあげたいんです。

ekky　社内の雰囲気を動画で伝えるというのは、すごく効果的ですよね。リソースクリエイションさんって、動画で見るようなアットホームな感じなん

ですか？

ユイカ　割と動画と変わりないと思いますよ（笑）。ただ、いつでもヒロシくんと私がふざけ合っているわけじゃないですし、いつでもみんなで踊っているのでもなく、当たり前ですがちゃんと仕事しています。私たちの様子を見て「一緒に働きたいって思う人は手を挙げてくださいね」と伝えているのですが、逆の意味もあって、**「この環境に当てはまる人は来てね」**ということは、裏返すと**「当てはまらなかったら来ないほうがいいよ」**ということでもあるんです。だから、社内の雰囲気を見て、「あ、ここはちょっと自分には合わないかも」と思ったのであれば、それはそれでいいんです。就職前にそれを知ることができただけで収穫ですし、新卒のときの私のようなミスマッチを回避できたという解釈もできます。**採用活動や就活から無駄をなくす利点**もあるんじゃないかなと思っています。

動画投稿を見た子供たちの潜在需要

ekky　実際、TikTokがバズって以降、入社希望者はかなり急増したんですよね。

ユイカ　そうなんです。求人媒体を見たときに「あ、『ユイカとヒロシ』の会社だ！」って気づいたとか、「ユイカさんと働きたい」ってストレートに記してエントリーする人もいました。うちの会社以外にどんなところを受けているのかを見ると、これまでは同じくらいの規模の中小代理店が多かったんですが、大手を受けながらうちの会社も受けている人がいるんです。びっくりしたのは、なんと東大生が受けていたんですよ。うちの会社ってめっちゃいい学歴の人たちが集まっている集団では決してないんです。彼らレベルの学生たちの視野にも、うちの会社が入るようになったのには驚かされました。

ekky　SNSからの伝わり方って興味深いですよね。

ユイカ　新卒のかたを対象にアンケートを取ったところ、**約8割が会社を調べるのにSNSを使っていました**。就活に関してだいぶ強い材料になっている。

だから、うちのスタッフにも**「インスタやＴｉｋＴｏｋを使ってターゲット層の日常に紛れ込む」**ことを常に意識してもらっています。さらに言うと、ＴｉｋＴｏｋは、中学生や小学生の子供たちもかなり見ています。小学校でＴｉｋＴｏｋのクラブ活動とかもあるそうです。割と多いのは、子供たちがみんなで踊って、それを撮影・編集するもの。それを実際に動画投稿しているのかどうかはわかりませんけれど、テレビと同じ映像エンターテインメントの一つとして彼らはＴｉｋＴｏｋをあえて選んで見ている。それくらい一般化しているんです。

TikTok『ユイカとヒロシ』

ekky　『ユイカとヒロシ』を楽しんでいる子もいっぱいいそうですね。会社って1年とか2年先に廃業しますというもの

SNS動画投稿からの伝え方を教えてください！

じゃなく、何十年もずっと続けていこうと思って経営しているわけじゃないですか。将来的な採用とかを考えると、次世代への早い時期からの刷り込みというか、認知度を高めておくことができるような気がしますね。

ユイカ　そうなんですよ。直近の採用のためだけじゃなく、もっと先のことを考えたときに、今の中学生や小学生の頭のどこかに「リソースクリエイションっていう会社、何か面白いね」という感覚を刻むことができていれば、その子たちが成長して就活の時期を迎えるころに思い出すかもしれません。**現在のターゲットだけでなく、次世代へのリーチも意識しているところはあります。**

ekky　将来的な潜在需要ですよね。うちの会社もそうした視点からの発信が必要だということは意識していて、僕がテレビなどのメディアに出てもっと若い世代への印象をつけたいと思っています。おかげさまで、最近では「サンコーの社内見学に行きたい」と高校から連絡が来ることがあったり、「大学の卒論でサンコーのビジネスモデルについて書きたい」などの連絡があって、お受けさせていただいています。僕個人への講演依頼をいただくこともあって、そこでは個人的な来歴が中心となりますけれど、サンコーのことや社内の様子

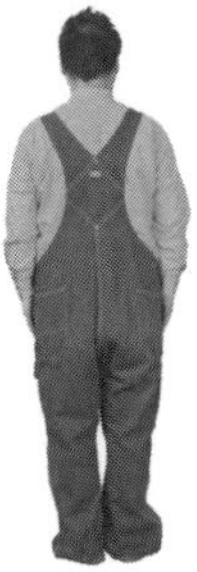

なども伝えるようにしています。

ユイカ　今の子たちって、会社の業績や事業内容に加えて、どんな人たちと働けるのか、どんな雰囲気の職場なのかをすごく大事な条件として見ています。私自身の新卒時代を振り返っても、社内の空気感や関係性って確かに大事な要素なんですよね。

ekky　大事です。僕もサンコーに入社するまで他の会社で働いていたことがありますけれど、当時の会社情報というと、まずは『会社四季報』とか帝国データバンクとかのデータベースで過去の収益状況や社長の名前などを調べたものですが、今の時代はそうした記号的な情報よりもSNSに上がっている**会社の日常などの皮膚感覚的な情報**も、就活生たちから求められるんですよね。

最初の2秒で飽きさせないフックをつくる

ユイカ　ご存じの通り、ＴｉｋＴｏｋの動画の再生時間は、10秒とか20秒とかすごく短いんですね。しかも、動画自体が倍速とかになっていたりもします。

その極めて短い再生時間の中で、様々な分析をする「インサイト」っていう機能があるんです。総再生時間に対して何%までを見てくれていたかという**「視聴完了率」**がわかります。それが80%と表示されたとすれば、10秒の動画だったら8秒の時点で離脱している人がいちばん多いということです。**20%でしたら最初の2秒しかほとんどの人は見ていない**。実はこの2秒というのが大事で、この時点で何を発していたのか、そもそものサムネイルや出だしのフックが弱かったとか、いろいろな仮説を立てて、視聴完了に至らなかった理由を分析するんです。他にも総再生時間の尺が長すぎたというケースもあります。「いいね」の数とか、動画を保存した数とか、シェアされた数とか、人気度を測る数字はいくつもあるのですが、それらの数が伸びているものが必ずしも情報拡散に寄与しているわけでもなく、やはり視聴完了率が高いものほど確実に拡散されやすいんです。最後までいかに動画を見させられるかが生命線になりますね。

ekky　特別な仕掛けとか、意識しているところはありますか?

ユイカ　はい。『ユイカとヒロシ』の例でいえば、ドッキリの動画です。仕掛けのところからではなく、いきなりヒロシくんや私が驚いているところから動

画をスタートさせるんです。最初の段階で**「気になる！」って思わせて続きを見たいと思わせられるかどうか。**編集の仕方一つで効果は全然違ってきます。

ekky　うちもＴｉｋＴｏｋの動画投稿を始めているので、「この先が見たい」って思わせることの大事さはすごくよくわかります。動画のタイトルでも何か面白いことを入れて、摑《つか》みで引き込もうとか頑張っています。動画の長さはまったく違いますけど、構造としてはテレビの世界にもつながりますよね。いかに興味を持ってもらい続けるか。この先に何があるのか、ネタバレになってしまっては視聴者の関心を引っ張ることができません。予定調和なものよりも、不測のアクシデントのほうが気を引きますからね。実際、そのまま動画投稿したこともあります。

ユイカ　どんな動画だったのですか？

ekky　**『サンコー社員が使ってる電動でまぜるマグカップ』**っていうＴｉｋＴｏｋの動画で紹介した『ワンタッチぐるぐるまぜＭＡＧ』ですね。マグカップのフタの裏側にかき混ぜ棒がついていて、電動で混ぜてくれるので、粉末の飲み物がダマにならずに完成するという商品なんですが、これを社内のスタッフで撮っていて、飲もうとしたらマグに入れていたコーヒーが熱すぎちゃって「あッ!! 熱ーッ!!」ってものすごい形相でカメラのほうを向くっていう(笑)。雰囲気も伝わってていいかなと思って、熱さにびっくりした様子をそのまま使ってしまいました。全然狙って撮ったわけじゃないんですよ。それにしても、動画も秒速の世界になってきているのはすごいことですね。

ユイカ　どんどん短くなっていますね。テレビの番組でも、**1時間とか、映画なら2時間とかをずっと見続けられる若年層って少なくなって、ピンポイントでクライマックスだけ見たい、大事なところだけ切り取りで見たい**っていう人たちが増えてきています。TikTok上でも、テレビやYouTubeの切り抜き動画みたいなものが人気ありますから。

ekky　最初の2秒で判断されてしまうんですからね。面白くないなって思ったら、すぐにスワイプされて終わりになってしまう。

ユイカ　スワイプすれば、次の動画がどんどんどんどん出てきます。TikTokってアルゴリズムがかなり強く入ってくるので、ユーザーの興味がある動画に先鋭化されていくんです。2秒で決着させるくらいでないと、次の動画に

どうすれば伝わるの？
対談

飛ばされてしまいますからね。

伝え手である自分が「主語」になってはいけない

ｅｋｋｙ　ところで、僕はサンコーに入社して、最初は営業職だったんですけれど、その後、自分で広報部を立ち上げました。「ｅｋｋｙ」というキャラクターに自分がなって、積極的に表に出ていってサンコーのことと自社製品をＰＲしていくという、この会社に今までなかった広報のやり方を始めていったことは、この本に記した通りです。ユイカさんの場合、どんな流れで広報の仕事に就いたのですか？

ユイカ　東京に出てきた２０２０年２月。ちょうどコロナの感染拡大と同タイミングでした。仕事を決めずに東京に来てしまい、転職活動で大苦戦したんです。世の中のニュースでは、「新卒内定取り消し」が話題になるほど、どこの企業も未経験者採用をしていなくて、唯一その時期にも採用をしていたリソースクリエイションに入社をしました。営業職に就いたものの、成績を出せず赤字社員。でも、コロナ禍での就活がいかに難しいかを経験していたので、転職活動という選択肢を取ることができませんでした。会社を辞めたら人生が終わる……お願いだからクビを切らないで……！　そんな危機感を持っていたので、今の環境で頑張るしか、道は残っていない！　と思って、そこで広報というポジションをつくることになりました。もともと広報の部署は、この会社になかったんです。

ekky　背水の陣だったわけですね。でも、営業職で振るわなかったことが結果的にプラスに働いたとも言えますよね。

ユイカ　そうかもしれませんね。

ekky　ＳＮＳ運用代行についてですが、具体的にはどんなことをされているのでしょうか。動画撮影からアップロード、その後の運営までをされているのですか？

ユイカ　そうですね。企画から撮影、編集まですべて対応させていただいています。都内および近郊から遠くでは沖縄のお客様のところまで、実際にうかがっています。**ＳＮＳを使って何を求めているのかをお聞きして、台本の作成か**

らお客様への演技指導まで行っています。お互いが納得いくまで撮って、それをこちらで編集して、その都度確認をしてもらいながらアップしていきます。会社の広報の域をちょっと超えているところもあるかもしれませんが、そこまでやってこそ、お客様の思いが届くようになると思っています。

ｅｋｋｙ　人材採用であれば、どの年代を対象にするのか、かなりターゲティングは絞られていきますよね。

ユイカ　はい。まずは誰に向けて発信したいのかという設計がかなり大事なんです。あの会社さんが求めているのはこういう人だよねっていう**個人のペルソナを、かなり具体的なサンプルとして組み立ててシミュレーション**していきます。その人はどこに住んでいるか、年収はどれくらいで、現状の生活にどんな不満があるのか――仮のペルソナを想定して書き出すんです。それをお客様が求めているターゲット層に照合しながら、どういう発信であればリーチできるのかを徹底して分析します。動画のアップロード後も、実際の効果をトレースするためにＰＤＣＡを回しながら進めていく感じですね。

ｅｋｋｙ　伝える対象について、かなり限定的な仮説を立てて始めていくんですね。

ユイカ　そうです。お客様とこちらの共通認識のすり合わせができていないいま、別々の方向性で走ってしまったら意味がありません。お客様の狙いを、求める人材に対して伝えていくことがミッションですから。

ekky　ＳＮＳの特性や可能性をまだ理解できていない人もお客様の中にはいたりしませんか？　慣れていないと、警戒しているかたとかもいるのではないかと。

ユイカ　かなり浸透してきていますが、そういう人もまだいらっしゃいますよね。ＳＮＳがいかに大事なのか、コスパの高さや求職者からの注目の度合いとか、納得していただけるまで丁寧に伝えさせていただいています。炎上を気にするお客様も多いですから、ＳＮＳ発信の心得的なことなどをお話しして、マインドセットをすることから始めていきます。例えば、スマホに向かって動画を撮ることについても、**「向き合っているのはスマホではなくて、その先の動画を見てくれている人たちに対して自社の魅力を伝えているんですよ」**とか。このことって、私が自社の動画投稿をするときでも、めちゃめちゃ意識してい

ることなんです。**伝え手である自分がそこで喋《しゃべ》っているけれど、自分が「主語」になってはいけない。**主体となるのはあくまでも動画を見て、そこから何かを受けとめてくれる人たちなのですから。

ekky　僕もまったく同じ考えです。テレビで商品紹介をさせていただいているときとか、意識しているのは、**カメラの先のこの番組を見てくれている人たちがどう思うか、どう感じてもらっているのか**なんです。商品を紹介させていただくことだけが目的ではないんですよね。映像を見たかたにどんな変化をもたらすことができるかを常に考えています。もちろん、喜んでいただけるのがベストですけれど。

ユイカ　映像から何を伝えるかということについて、テレビとＳＮＳに違いはないのだと思います。

番組制作者が求めていることって何だろう

ユイカ　ｅｋｋｙさんにぜひ聞きたかったことなんですけれど、かなり頻繁にテレビ出演をされていますよね。どうやってテレビのかたとの関係性を続けているのでしょうか？「今、こういうネタがありますよ」っていうときであれば連絡をしやすいですが、ネタがないときって連絡しにくいですよね。いつも提供できるものがあるわけではないので、**新たなネタや情報が何もないときは、どうやって連絡を取っていますか？** 何もないのに何となく会って、情報交換をさせてくださいと言うわけにもいきませんよね。

ekky うちは家電メーカーなので、新製品などの案内がありますから、連絡を取らせていただく機会は割と多いのかもしれません。ただ、常に新製品があるわけではないので、リリースとはまた別に**「ニュースレター」**を毎月作成して、つながりをいただいたディレクターさんはじめ、記者さん、メディアのかた全般にお送りしています。そこに載せるのは新製品情報だけではなく、販売中の製品も取り上げて、季節に合わせて「この用途に対して、この商品が使えます」と、押し付けがましくならない程度に提案をさせていただいています。なぜ今この商品なのかということを常に意識しつつ、**番組制作側はきっとこういうことを考えているんじゃないかなと先回りして考える**ようにしていますね。

ユイカ　相手のことを考えた、すごく親切な対応ですね。

ekky　ビジネスのつながりだけでお送りしているのではないということを知ってもらいたいので、単純に読んでも面白くなるように、そして僕のことも知ってもらいたいという意図もあって、個人的な話などを盛り込むこともあります。**近しく思ってもらえれば、声がかけやすいんじゃないかな**と思って。あと、そのニュースレターには必ず、いつものオレンジ色のシャツにオーバーオール姿のｅｋｋｙキャラの僕の写真を入れています。ぱっと見たときに僕が送ったものであることがわかるようにしていることと、ニュースレターは手渡しではないので、少しでもこっちの**顔が見えたほうが親近感が湧く**と思うからです。細かいところですが、こういうところからも伝わりやすさは変わりますよね。

ユイカ　そうですね。「あ、ｅｋｋｙさんからだ！」って一目瞭然です。

ekky　ただ、あまりにも僕のキャラの押し付けが強くなっては本末転倒なので、この文書が誰から届けられたものなのかということがわかる程度にとどめているつもりです。メディアのかたのところには、それこそ無限のようにリリースが届いているでしょうから、なかなかすべてに目を通す時間もないはず。ざっと見ていった中で、ふと僕の写真で目を留めていただければ、効果は十分にあったと考えます。

ユイカ　ご自身をキャラクター化しているｅｋｋｙさんならではの戦略ですね。

「会社の顔」として広報がすべきこと

ｅｋｋｙ　キャラクターということなら、「広報ユイカ」としての知名度、非常に高いですよね。ＴｉｋＴｏｋの投稿を待ち構えているファンもいるでしょう。

ユイカ　ありがたいですよね。街を歩いていても「ユイカさんですか？」と声をかけられることも増えてきました。今年の6月には『ユイカとヒロシ』のオフ会も開催させていただいて、あの動画シリーズは会社のＰＲだけでなく、一つのコンテンツとして人気を博しているようです。

ｅｋｋｙ　広報って、僕たちみたいに表に出て自社の魅力を伝える方法と、裏

方としてメディアとのつながりをつくっていく方法の大きく二つに分けられると思うんです。どちらが正解かということではないのですが、どちらにも共通するのは、**「会社の顔」としての役割**ですよね。

ユイカ　確かにそうですね。表に顔を出すのか出さないのかの違いはあっても、会社の顔として、外部のかたがたに自社のことを伝えていくという意味では、その通りだと思います。当たり前のことですが、会社の名に恥じないように、どんなときでも気は抜かないようにもしていますね。気は抜かないというか、**やらかさないというか（笑）。**広報の仕事ってどこからでも見られていると思ったほうがいいですし、顔を出して何かをするということは、そういうしたリスクも背負うことだと理解しておくべきですよね。

ekky　ユイカさんは**「社員インフルエンサー」**でもありますからね。

ユイカ　ありがとうございます。ただ、広報としての立場が最優先ですから、主語が自分になってしまってはいけない。**常に会社を輝かせることを第一**に考えています。

ekky　広報が持たされているミッションは、会社の認知度を広げていく、

自社を上げていくことですからね。

ユイカ　まずは**広報担当自身が、会社で楽しそうに働いている様子を対外的に見せられるか**ですよね。「あの人、『この会社嫌だな……』って思ってる」と受けとめられるのは絶対にNG。とにかくマイナスイメージを伝えることにならないように気を付けています。見ての通り楽しく働いていますから、その点はまったく問題ないんですけどね（笑）。

ekky　広報とかPRの仕事って、僕の中ではやっぱり**相手との良好な関係性をつくること**なんです。僕のことでも会社のことでも商品のことでも、なんでもいいので**興味を持ってもらう、そしてファンになってもらうために広報という人間がいる。**そういうふうに伝えていくためにはどうしたらいいのかを、常に意識していますね。聞き取りやすい声で喋ることもそうですし、清潔感も不可欠です。見ている人が嫌になる要素を省いていくことが重要なんです。

ユイカ　確かにそうですね。

ekky　ただ、受けとめ方は人それぞれなので、いくらこっちが良いところを伝えようとしても、マイナスに思う人だっている。うちの商品にしても、人

によっては使える・使えない、必要か・必要じゃないかが異なってきます。それを僕が「誰にとっても最高の商品だ」と言い切っちゃうのは嘘になります。メリットとデメリット、人によっては合わない人もいることを理解したうえで、包み隠さず商品特性として伝えるようにしています。商品レビューで厳しいことを言われたとしても、そのまま受けとめます。広報担当者、もしくは会社によっては、悪く書かれたところについて修正や削除の依頼をするのかもしれませんけれど、それをしちゃうとレビューしてもらう意味がありません。

ユイカ　良く見せようとして不自然に取り繕《つくろ》ってみせるのは、広報の仕事ではないですからね。

ekky　『ユイカとヒロシ』の自然なふざけ合いは、だから広報の仕事としてもすごく勉強になるんですよね。

第 3 章

リリース&レターに思いの丈を込めました！

本質＝相手の役に立って良好な関係をつくる

リリース&レターに
思いの丈を込めました！

●伝わり方を意識したリリース&レターの書き方

この章では前章を受けて、僕がメディア向けにお送りしているプレスリリースやニュースレター、企画書について、具体的にどんなふうに書いているのかを公開していこうと思います。

まず、頭の中に置いておきたいことが、これです。

メディアにとって価値のあるものとは何か。

この「価値」の部分が理解できていないと、相手の立場に立って物事を考える基軸がブレてしまいます。

僕の経験上、理解している「価値」を列挙します。

なぜ今か？＝このタイミングに意味があること

新鮮＝情報が新しいこと

意外＝驚きを得られること

共感＝人間味があって共感を得られること

社会＝社会の課題を解決すること

画＝映像や写真での表現力が高いこと

読んで字のごとくだと思いますので、それぞれの説明は省かせていただきますが、これらを押さえておくと、プレスリリースや企画書を書く際に、どこに重点を置いたらいいいか、わかってくると思います。

では、まずはプレスリリースの書き方です。

意味合いとしては、ニュースリリースが一般の人たちも含めての発表文書であるのに対し、プレスリリースは、報道関係者に向けられた資料です。

一般的なリリースの基本的な構成は、この４つです。

◎タイトル
◎要約
◎本文
◎連絡先

この中でも、最も大事なパートが、「タイトル」です。

リリースを見たメディアのかたが、「これは取り上げる価値があるかどうか」を判断するのは、ここです。

「○○ができる○○が発売」「最新機能を搭載した○○」「大人気シリーズから新型登場」「○○を採用し、より進化した○○」などの言葉がタイトルになったプレスリリースが、メディアには1日に何千本も届きます。

当然ですが、担当者がそのすべてに目を通すことは不可能です。

1行のタイトルのインパクトが、手元に残して企画検討をするか、ゴミ箱行きとなるかのカギを握るわけです。

例えば「消費電力の少ない家電」だったら「電気代が値上がりする中で、お財布にやさしい省エネ家電」「電気代値上がりでも安心　1か月使っても電気代○○円でお得な家電」など、消費者が気になる目線や具体的な数字とともにタイトルを付ける。

可能であれば、1時間という具体的な使用時間で、どれくらいの電気代で済むかとか、実際に番組企画になったときに、視聴者に向けてそのまま使えるような価値、情報、キーワードを入れ込んでおくと、より親切です。

ドライブレコーダーの新製品があったとします。この特徴は、全方位を撮影できるというものです。簡単に言えば、**「360度撮れるドラレコ」**なのですが、これにちょっと味付けをしてみます。

「横からも後ろからも〝煽り運転〟も逃さず録れるドラレコ」

「煽り運転」は、車の運転をする人にとって今、最大の関心事かもしれません。

また、メディア的にも、情報番組などで、ドラレコで撮られたものと思われる煽り運転の動画が、たびたび流されるくらい求められているテーマです。

この辺りの一文を加えるだけで、取り扱う側にとっても、番組との紐づけの何かの助けになるのかもしれません。

逆に言うと、サンコーも、

「今、社会でこれが問題になってるから、解決できるものを考えていこう」

というところから商品開発の着想に入るケースが多いです。

そういう意味では、常に社会の動きに敏感にアンテナを張っていることは、メディアの側の立場にも通じるところがあるのかもしれませんね。

●根拠があいまいな言葉は余計な手間をかけさせる

これはリリース全体に言えることですけれど、大きなポイントはこの２つ。

（１）専門用語は使わない（使う場合は必ず補足を入れる）
（２）「日本一」「業界最大」「業界初」……など根拠があいまいな場合、その表現は使わない

（１）については、単純に、読んですぐに伝わらないから。
（２）については、一見、もっともらしく見えるのですが、**根拠があいまいなものでは、商品自体の性能もあいまいなものと受けとめられる**かもしれません。

景気よく煽る言葉に多いのですが、ちょっとでもそうした怪しい言葉が入っていると、他に書いてあるもののすべてが真実なのかと疑われてしまうのです。

メディアはそうした「裏付け」については、かなり厳密です。

「日本一効く！」とか威勢のいい言葉があっても、その根拠があいまいで、具体的なことが書かれていなければ、**あえて自分の側でそれを調べてまで、その商品を取り扱おうなんてことにはなりません。**

インパクトのあるタイトルであることに加えて、簡潔であり、基本的には**「受け取った原文のまま掲載できる」**のが理想的です。

原文のまま掲載できるクオリティ、手間をかけずに、ほぼそのまま使えて商品イメージを視聴者・読者が膨らませることができるのであれば、とても重宝されるんです。

●読んでも見ても一目瞭然、すぐわかる！

プレスリリースは、**文字だけでそれが何であるのかをイメージできる**ように意識しています。

特にサンコーの商品は、商品を一見しただけでは用途がわかりづらい、これまで世の中になかったものが多いので、なおさらです。

受け取った側が正しく理解するためには、**わかりやすい言葉**でなければいけません。

前節でも、専門用語を避けていることを記しましたが、仮に文字数が増えてしまっても、わかりやすい日本語に書き換えています。

例えば、防水性能の良さを示す言葉に関して、こう書かれてすぐにわかるかたは、そんなに多くはないですよね。

防水性能、IPX6

IPXというのは電気機械器具の防水性能を表すもので、国が定めた基準です。メーカーのかたからすれば、すぐにそのスペックを表示したものであることはわかるのですが、仮にそれがわかっても、具体的にどのレベルの防水性能を実現できるのかと言われれば、さすがにそこまではイメージできませんよね。

なので、僕は非常に簡単な言葉で、こう書きます。

あらゆる方向から強い水を受けても問題ありません。

もちろん、スペックの表記の際には、IPXの等級を明記しますが、一般的

には、この単位を見て、パッと性能の度合いは浮かばないでしょう。

この日本語の説明は、性能をわかりやすく言うことに加えて、防水テストなどの映像を撮影する際のヒントにでもなれば、という意図もありました。

テレビのかたたちは、常に**「画」として結び付けられるかどうか**を考えて、リサーチされています。

だから、僕が作るリリースは、写真を結構多めに入れ込んでいます。

現物に触れなくても、どのような商品なのか、どんな使い方ができるのか、写真から９割がた把握していただけるように。

もちろん、他社さんのリリースにも写真はいくつも入っています。

しかし、その配置は、写真があって、その説明が入って、さらにまた別の写真があって、その説明が入って……という具合で、リリースの中に点在させて

いる印象です。

僕のものは、点在させるのではなく、**写真をできるだけ1か所にまとめる**ように掲載しています（Ｐ１３４に参考として『ネッククーラーＥｖｏ』の発売当時のリリースを掲載します）。

通常のリリースの写真配置では、順を追って文字を読み、目を動かしながら写真を追わなければなりません。

もちろん、それでじっくり目を通せば、十分理解できるのですが、「これ、使えそう！」と少しでも関心を持っていただいたら、その先をさらに早く見ていただき、関心の熱が冷めないうちに商品を理解してもらいたい。

なので、**視線の移動は最小限で見ていただけるように心がけている**のです。

リリース＆レターに
思いの丈を込めました！

チし電源を入れるとプレート部分が約 2 秒で冷え、冷えたプレートが首にあたること
くなることが出来ます。冷却システムは小型の冷蔵庫と同じペルチェ冷却方式を採
冷却する仕組みの為、長時間使用時でも冷却効率が落ちずに使えます。強弱 2 段階
、プレート温度は強モード時外気温より最大約-15 度、弱モード時最大外気温より-10
弱を繰り返す「ゆらぎモード」を搭載(実用新案取得済※)。
ードレスで使用できる専用バッテリーが付属。(専用バッテリー同梱モデル)。専用
強モード時約 1.5 時間、弱モード時約 2 時間使用可能。専用バッテリーモデルで
さして USB モデルと同様にモバイルバッテリーで使用することも可能。(モバイ
：10000mAh 強モード約 10 時間、弱モード約 12 時間使用可能)。専用バッテリ
着した状態で USB ケーブルをさすだけで充電が行われます。
でも男性でもぴったりとフィットして使えます。重さは約 200g(USB 使用時 150g)
も快適。使わない時はコンパクトにすることができるので、ポケットや、カバン
可能です。生活防水＆防塵。カラーはブラック、ホワイトの 2 色からお選びいた
ーツ観戦に、バイクに、屋外での作業時など、熱中症予防、夏の暑さ対策など
ッククーラーEvo」です。
4564 号

ラブル型のクーラー
チェ冷却方式を採用
より最大約-15 度（強モード使用時）
返すゆらぎモード
ッテリーが付属しコードレスで使用可能
お手持ちのモバイルバッテリーでも使用可能
も男性でもぴったりフィット
時 150g)

ご参考【ニュースリリース：ネッククーラーEvo】

写真はなるべく1か所にまとめて、商品イメージや使用する場面が、頭の中で映像になりやすいように工夫しています。

2021年4月19日
TK210419-01

THANKO

新製品情報

News Release

発売3か月で20万台を売り上げた大ヒット商品がさらに進化　コードレスでも使用可能に
体感-15度 冷却したプレートで暑い夏でも快適なペルチェ式ウェアラブルクーラー
『ネッククーラーEvo 専用バッテリー同梱モデル』『ネッククーラーEvo』を発売

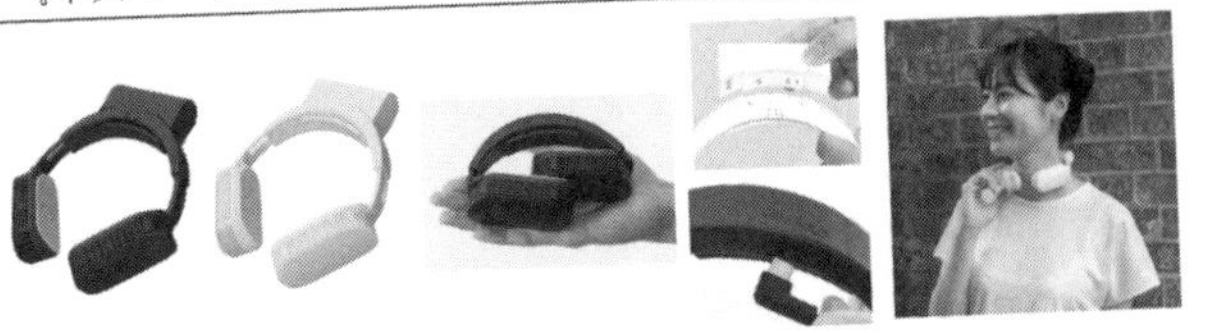

＜概要＞
この度、サンコー株式会社 （所在地：東京都千代田区、代表取締役：山光博康）では『ネッククーラーEvo 専用バッテリー同梱モデル』『ネッククーラーEvo』を「THANKO」ブランドとして4月19日に発売いたしました。

THANKO 「THANKO」は日常の困っていることを面白く、役に立つ（便利に解決する）をコンセプトにサンコーが企画した商品です。

本製品は首に巻きつけて使うウェアラブル型のクーラーです。
2020年4月に発売し発売44日で10万台、発売3か月で20万台、累計販売台数25万台を突破した「ネッククーラーNeo」がさらに進化しました。
「ネッククーラーEvo」はネッククーラーシリーズ5代目となります。（現在の形になる前の2015年モデルを含めた場合）

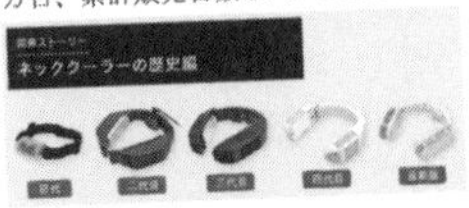

＜ヒットの背景＞
・夏季の気温上昇によって熱中症の発症リスクが高まっており、2020年8月には東日本の平均気温が統計開始依頼1位（気象庁報道発表資料）となる記録的な高温となりました。
・さらに、新型コロナウィルス対策としてマスク着用の機会が増え「マスク内に息がこもりやすく熱を持った息を吸うことでさらに体温が上がりやすく」なり熱中症のリスクがさらに増しました。2020年夏の熱中症救急搬送者数は全国で6万4,869人（消防庁統計）となりました。
・熱中症時の対策（現場での応急処置）として「自動販売機やコンビニで、冷やした水のペットボトル、ビニール袋入りのかち割氷、氷のう等を手に入れ、それを前頸部（首の付け根）の両脇、腋窩部（脇の下）、鼠径部（大腿の付け根の前面、股関節部）にしっかり当てて、皮膚直下を流れている血液を冷やすことも有効です。」（環境省　環境保健マニュアル2018 p.22 熱中症を疑ったときには何をするべきか）。とあることから首の付け根に冷たいものを当てることが有効ということもあり夏の暑さ対策としてネッククーラーNeoに注目が集まったことが要因と考えられます。

読ませたいところに大量な情報は不要！

前ページに『ネッククーラーＥｖｏ』のリリースを収録しましたが、写真が並んでいる下の3行ほどのスペース、こちらが前述したリリースの基本的な構成で**「要約」**の部分ですね。

リリースの本文として、冒頭にそのまま入れる場合もあります。

要約の文章は単純に、**「誰が／何を／いつ発売した」**というレベルにとどめます。

この2〜3行で、基本的なことをすべてを言い切るのです。

踏み込んだ書き方はできないものの、「何を」の部分に、**「こういった効**

果がある」の一文を加えることが、結構大事です。

そして、詳細はそのあとに続く文章に譲ります。

リリースの本文では、商品の説明と、使い方に触れていくのですが、やはりくどくどと長くなるのは禁物です。

「商品の特徴を全部説明したい」

「読んでくれた人に情報漏れがないようにしたい」

などの思いが強すぎると、あれもこれも伝えたいと盛り込んでしまって、かえってわかりづらくなりがちです。

情報の大事なところを読ませるためには、あえて情報量を少なくすることです。

中学生、いえ、小学生でもわかる子がいるくらい難しい言葉は使わず、漢字の量も少なめに。横文字もあまり使わないほうがいいです。

とくに流行りのマーケティング用語を使っても、誰にでも伝わるというわけではありませんし、ある種の自己満足で終わってしまいます。

「どういう意味だろう？」と考える時間を与えてしまったところで、メディアの担当者はそれ以上読み進めてはくれません。


疑問を持つ→調べるという時間が、そもそも受け手の側に立ったものではありません。


書く側にしてみれば、ふだんからその言葉を使っているから違和感がないかもしれません。

けれども、受け手側に同じ認識ができていないと、伝えようとする情報にまったく意味がなくなるのです。

同じ認識レベルで話ができる同士でのやり取りであれば、そこまで考える必要はありませんが、あくまでもリリースは、様々なかたへ向けて広く配布するものです。

すんなりとイメージができない言葉は、情報のメリットが伝わりづらくなります。

メディアのかたの役割は、**目に触れた情報を、自分の媒体で、それを見てくれているお客様（視聴者や読者）に対して正確に説明すること**です。

自分が情報をもらう立場になって考えてみてください。

「?」と感じさせる言葉があると、そこから先の理解が進まなくなりますよね。

読み手のことを考えていないんだなということが、わかってしまうのです。

●広報とは「素材を提供する側」にすぎない！

リリースには写真に加えて、**動画のリンクになるURLもしくはQRコード**を付けています。

紙ベースのテキストよりも当然、実使用の様子が見られるので、商品を立体的に知っていただくには、今やリリースの必須項目でもあります。

これは、テレビのかたがたから非常に喜んでいただけました。

写真や文章だけでは、「画」になった状態がいまひとつ掴みづらい。

「面白家電の店の取材をしたいんだけれど、紙の資料だけだと、ロケハンに行かない限り詳しくはわからないな」

実際、そうしたニーズがあることも、僕は周囲のテレビ関係者からうかがっ

ていました。

だから、動画の撮影にあたっては、スタジオで美しくきれいに撮るということよりも、**大きさの感じや、動作の感覚などがわかることを前提**に撮っています。

とくにサンコーの店内でのロケハン撮影が多かったことから、僕がうちの店舗内でその商品を撮影して、「この広さだったらこれぐらいで撮れるな」とか、商品と周囲の関係性がわかるようにしています。

加えて、商品開発のフロアも映像素材として出しています。

「この素材があれば、こういうふうに組めるな」

そんなふうに映像制作をイメージするために、お役に立てているのであれば幸いです。

どうしてもロケに出られない、例えばコロナ禍のさなかのときは、そのまま使っていただけるくらい、こちらで幅広く撮影したものをご用意すると、非常に重宝されましたけれど、これはあくまで緊急対応です。

たしかに、商品ページの撮影などは、僕がやったり商品制作担当者が、本格的なカメラやスマホなどで撮ったりしているのですが、**先方の映像制作の領域に、あまり踏み込んでしまうのは考えものなのです。**

僕は、企画提案書として(リリースとはまた別)、商品を使っての番組企画の提案書をお送りしているのですが、そのときなどには、とくに注意をしていることです(過去の企画書サンプルをP144に掲載します)。

そのときの考え方としては、**あまりガチガチな企画内容にしないこと。**手抜きをするということではなく、あくまでも映像の完成品をつくるのは、

先方の制作の皆様。

前述しました通り、**僕たちは素材に徹すること。**

そのためのきちんとした素材の提供をすることと、**制作する側の頭の中に少しでも刺激する何かが込められれば充分**です。

制作現場の担当者が考えるような企画書を送って、まるまるその企画書通りにやってもらうというのは、制作者側のプライドを傷つけてしまいます。

企画書の書面にも、**思考の余地、アイデアを取り込めるような部分が**あるように意識しています。

とはいえ、そこの見極めというのは、結構難しいところではあるのですけれども。

リリース＆レターに
思いの丈を込めました！

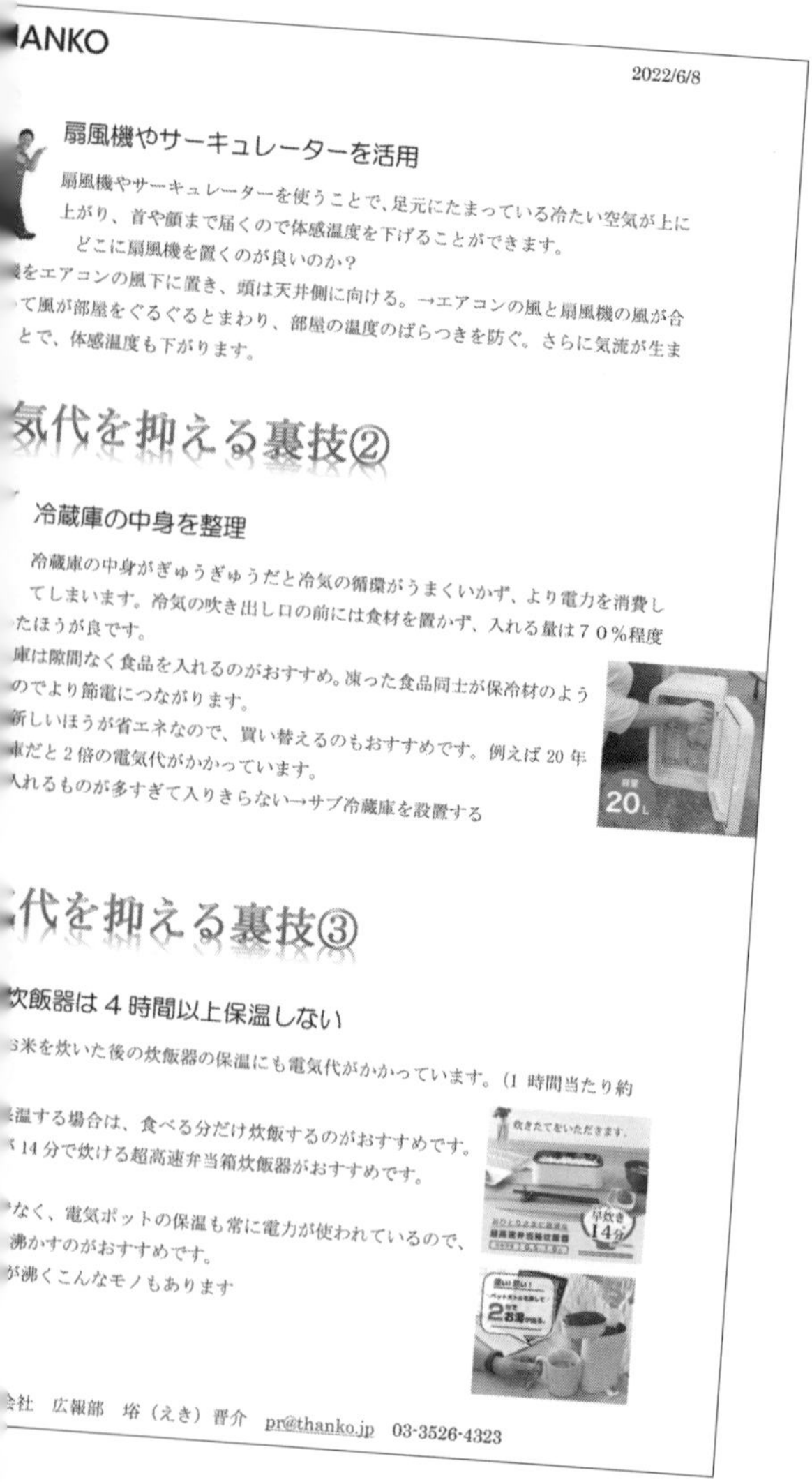

ANKO

2022/6/8

扇風機やサーキュレーターを活用

扇風機やサーキュレーターを使うことで、足元にたまっている冷たい空気が上に
上がり、首や顔まで届くので体感温度を下げることができます。
どこに扇風機を置くのが良いのか？
機をエアコンの風下に置き、頭は天井側に向ける。→エアコンの風と扇風機の風が合
って風が部屋をぐるぐるとまわり、部屋の温度のばらつきを防ぐ。さらに気流が生ま
とで、体感温度も下がります。

気代を抑える裏技②

冷蔵庫の中身を整理

冷蔵庫の中身がぎゅうぎゅうだと冷気の循環がうまくいかず、より電力を消費し
てしまいます。冷気の吹き出し口の前には食材を置かず、入れる量は７０％程度
たほうが良です。
庫は隙間なく食品を入れるのがおすすめ。凍った食品同士が保冷材のよう
のでより節電につながります。
新しいほうが省エネなので、買い替えるのもおすすめです。例えば 20 年
庫だと 2 倍の電気代がかかっています。
入れるものが多すぎて入りきらない→サブ冷蔵庫を設置する

代を抑える裏技③

炊飯器は４時間以上保温しない

お米を炊いた後の炊飯器の保温にも電気代がかかっています。（1 時間当たり約
保温する場合は、食べる分だけ炊飯するのがおすすめです。
ず 14 分で炊ける超高速弁当箱炊飯器がおすすめです。
なく、電気ポットの保温も常に電力が使われているので、
沸かすのがおすすめです。
が沸くこんなモノもあります

会社　広報部　垰（えき）晋介　pr@thanko.jp　03-3526-4323

ご参考【企画提案書：夏の電気代を抑える裏ワザ】

リリースとは異なる、商品をベースにした企画提案書も送らせていただいています。あくまでも素材提供のスタンスは崩さずに、「電気料金値上げの今、こんなアイデアがうちの商品でかたちにできます」といった具合に。

THANKO　　2022/6/8

夏の電気代を抑える裏ワザ

2022年7月より 大手電力会社4社が電気料金の値上げを実施

昨年7月と比較した場合、約1900円上昇。

家電製品アドバイザーが夏の電気代を押さえる裏ワザ・テクニックをご紹介！

家計にひびく電気代の値上げ。ちょっとしたテクニックでお得に！

家電製品総合アドバイザー
𡋽(えき)晋介（ニックネーム ekky）

夏の昼間（14時頃）の電気機器の使用例

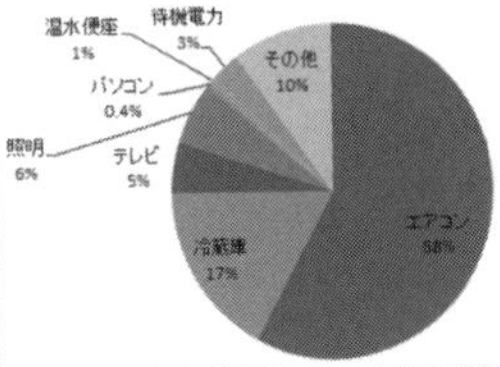

経済産業省「家庭の節電対策メニュー（ご家庭の皆様）」（2013年4月）

電気代を抑える裏技①

エアコンの設定温度を上げる

電気代の多くはエアコン。設定温度を1度上げるだけで約10%の電気代の節約につながります。

温度を上げると暑い！　→そんなときは首にかけるだけでひんやりするネッククーラーがおすすめ

外気温から-17度に冷えたプレートが首の頸動脈の部分にあたり、体がひんやりと涼しくなります。エアコンの設定温度を上げても快適。エアコンがない部屋で使うのもおすすめです。

サンコー株式会社　広報部　𡋽（えき）晋介　pr@thanko.jp　03-3526-4323

●ニュースレターとプレスリリースの違い

「プレスリリース」は企業、団体などが報道関係者向けに送る公式文書。

一方**「ニュースレター」**は報道関係者向けに限定していない公式に限らない文書として活用しています（企業によってはニュースレターを公式の文書として配布する例もあります）。

僕は一度でもお仕事をご一緒したかたには、月に一回、ニュースレターを送っています。

「今、サンコーは、こんな企画を立ち上げようとしています」

「こんな商品が人気です」

事前情報的なことや、現時点での会社の動き、そしてekky

個人の視点を加えた情報を、これまでお付き合いのあるメディアのかたなどにお伝えしているのです。

ふだんのプレスリリースより自由な体裁で、結構プライベートな情報も織り交ぜ、フレンドリーな感じを漂わせています。

プレスリリースが公式の文書なので、会社からの要望もあって、相手視点で伝えたくても伝えづらいことがあります。

しかし、ニュースレターを活用することで、メディアの視点に立って会社や商品のことなどを伝えることができるようになります。

Ｐ１５０にに掲載したのは、当時のサンコーの売れ筋商品を僕が分析したもので、リリースとは明らかに違った構成でした。

「中の人」として、僕がそれぞれの商品に短いコメントを付けて、現状の人気の理由や在庫状況などに触れたり、「オンライン飲み会に使えるグッズ」「あると便利なキャンプグッズ」など、特集性を持たせた商品セレクトをこちらでしたものを掲載することもあります。

新製品だけでなく、好評発売中の商品への注目をしていただくきっかけになれば、という思いもあったりします。

新商品だからメディアが取り上げるというのは、決まり事ではなくて、そのコーナーに合うものであれば、**何年か前の商品であっても、普通に取り上げてもらえます。**

そのコーナーを見たお客様が喜んでいただけるかどうかが基準となります。

古い商品だから取り上げてもらえない、という感覚はいったん置いて、テーマから考えてみることが大事になります。

ニュースレターに関しては、商品や会社のアピールのためだけに始めたものではなくて、あくまでも私信というか、**近しさを伝える**意味でのものです。もちろん、受け取った人が「あ、これはまるごと使える！」とお思いになれば、時にまるっと使っていただければいいと思います。

こちらとしては、あくまでも参考で、**「こんなふうに捉えているのか」とか「この人はいい情報をくれるな」**でも、僕のことを思い浮かべていただければ十分です。

何かあったときにお声がけしやすい関係が続けばいいな、というものですから。

リリース＆レターに
思いの丈を込めました！

ご参考【ニュースレター：オンライン飲み会に使える＆春のキャンプシーズン＆ゴールデンウィークに役立つグッズ特集】

取材するメディアの視点に立って、特集型で商品などをセレクトして伝えてみました。ニュースリリースとはちょっと趣を変えています。

THANKO　THANKO　オンライン飲み会に使えるグッズ（https://www.thanko.jp）　税込価格　2020/4/14

＜オンライン焼肉パーティ＞ 高火力でサッと焼ける 「卓上ひとり焼肉プレート」 売価￥3,680	＜オンライン焼き鳥パーティ＞ 自動で回る卓上無煙焼き鳥器 「自家製焼き鳥メーカー2」 売価￥6,280	＜オンライン焼肉＆焼き鳥パーティ＞ 自動回転焼き鳥＆焼肉プレート 「焼き物大将」 売価￥5,980
オンライン飲み会をさらに楽しめる、オンライン焼肉が可能 ・ほぼB5サイズなので、省スペース。 ・最大300度の高火力で美味しくお肉が焼ける https://www.thanko.jp/shopdetail/000000003167	オンライン飲み会をさらに楽しめる、オンライン焼き鳥が可能 ・卓上に置ける小型サイズ ・自動で串が回転して美味しく調理 ・焼き鳥を10本まで同時調理可能 ・煙が出にくい構造 https://www.thanko.jp/shopdetail/000000003359	オンライン飲み会をさらに楽しめる、オンライン焼肉＆焼き鳥が可能 ・下段で焼き鳥、上段で焼き肉が一度に楽しめる ・焼き鳥は最大5本まで、自動で回転 ・3段階の温度切り替え（230-260度） https://www.thanko.jp/shopdetail/000000003398

★イチオシ商品！　お貸し出し依頼、レビュー大歓迎です。pr@thanko.jp サンコー広報部まで

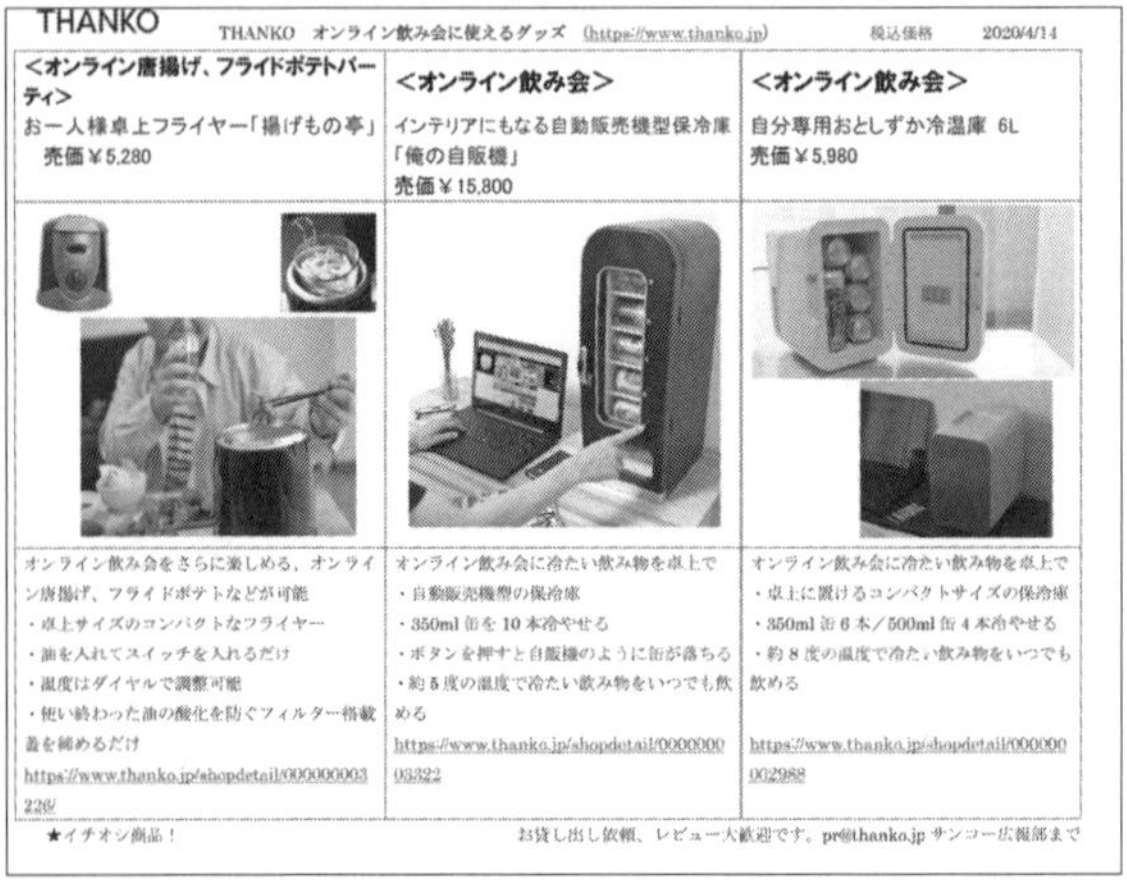

THANKO　THANKO　オンライン飲み会に使えるグッズ（https://www.thanko.jp）　税込価格　2020/4/14

＜オンライン唐揚げ、フライドポテトパーティ＞ お一人様卓上フライヤー「揚げもの亭」 売価￥5,280	＜オンライン飲み会＞ インテリアにもなる自動販売機型保冷庫 「俺の自販機」 売価￥15,800	＜オンライン飲み会＞ 自分専用おとしずか冷温庫 6L 売価￥5,980
オンライン飲み会をさらに楽しめる、オンライン唐揚げ、フライドポテトなどが可能 ・卓上サイズのコンパクトなフライヤー ・油を入れてスイッチを入れるだけ ・温度はダイヤルで調整可能 ・使い終わった油の酸化を防ぐフィルター搭載蓋を締めるだけ https://www.thanko.jp/shopdetail/000000003226/	オンライン飲み会に冷たい飲み物を卓上で ・自動販売機型の保冷庫 ・350ml缶を10本冷やせる ・ボタンを押すと自販機のように缶が落ちる ・約5度の温度で冷たい飲み物をいつでも飲める https://www.thanko.jp/shopdetail/000000003322	オンライン飲み会に冷たい飲み物を卓上で ・卓上に置けるコンパクトサイズの保冷庫 ・350ml缶6本／500ml缶4本冷やせる ・約8度の温度で冷たい飲み物をいつでも飲める https://www.thanko.jp/shopdetail/000000002988

★イチオシ商品！　お貸し出し依頼、レビュー大歓迎です。pr@thanko.jp サンコー広報部まで

THANKO THANKO・キャンプグッズ (https://www.thanko.jp) 税込価格 2022/3/31

春のキャンプシーズン！あると便利なキャンプグッズ

<もち運びに便利なコンパクト燻製器> **おうちで簡単「卓上燻製器」** **売価￥3,980** **発売 2021/7/28** https://www.thanko.jp/view/item/000000003803	<缶ビールをしっかり保冷！缶専用クーラー> **缶をキンキンに保冷「USB CanCooler」** **売価￥4,480** **発売 2021/7/14** https://www.thanko.jp/view/item/000000003770	<ヒーター内蔵　保温保冷バッグ> **できたての美味しさを持ち帰り！「USB電熱付温冷ショルダーバッグ」** **売価￥4,320　発売 2021/11/10** https://www.thanko.jp/view5tem/000000003859

・だれでも簡単に短時間で燻製が楽しめる ・食材を袋に入れ、スモークチップを製品にセットし、5分もあれば燻製料理が完成 ・単三乾電池×2個で動く（乾電池は別売） ・ポテトチップスなど好きな食材を燻製できる	・屋外でもビールが最後までおいしく飲める ・冷却プレートが缶を包みこむように保冷 ・冷却機能は外気温から-15度 ・最大対応容量 500ml ・デスクワーク時など卓上でも使える	・電熱ヒーター内蔵。モバイルバッテリーで温めも可能なショルダーバック ・60度のヒーターで温める ・上下2段で使える ・保冷剤を入れて保冷バッグとしても使える

お貸し出し依頼、レビュー、取材（店舗、事務所、オンライン）、ekky出演大歓迎です。pr@thanko.jp サンコー広報部まで

THANKO THANKO おでかけグッズ (https://www.thanko.jp) 税込価格 2022/3/31

ゴールデンウィークに役立つお出かけグッズ

<1秒でリュックがイスに変身> **シュパッと1秒！** **どこでも座れるリュック** **売価￥7,980　発売 2020/11/16** https://www.thanko.jp/view/item/000000003649	<ドライブ中にアイスが堪能できる > **氷も作れるセンターコンソール** **冷凍冷蔵庫** **売価￥29,800　発売 2021/6/4** https://www.thanko.jp/view/item/000000003763	<リュック専用！フリーハンドで消毒できる> **サッとかざしてパッと消毒「ジェルも使えるリュック用ディスペンサー」** **売価￥2,680　発売 2021/12/27** https://www.thanko.jp/view/item/000000003897

・外出先で疲れたら、サッとイスに変身 ・背面パットを開くだけで1秒で椅子に変身 ・動画で見るとわかる圧巻の早さ 椅子からリュックのベルトを引くだけ1秒 ・軽量 1.4kg	・-20度まで冷えるから氷も作れる ・20度から-20度まで1度単位で設定可能 ・ワイヤレス充電、USBポート付き ・道の駅で買った生鮮食品などのお土産をもち帰ることができる	・リュックの中から消毒液を探す手間なし、手をかざすだけ ・センサー式だからフリーハンドで消毒できる ・肩ベルトはもちろん、腰ベルトにも使える ・アルコールジェルもOK、USB充電式

お貸し出し依頼、レビュー、取材（店舗、事務所、オンライン）、ekky出演大歓迎です。pr@thanko.jp サンコー広報部まで

●ニュースレターのもう一つの狙い

私信を交えて商品紹介につないでいくのが、先ほどのニュースレターの狙いでしたが、また別の狙いでのニュースレターの配布もしています。それがＰ１５６に掲載させていただいたものです。

ご覧の通り、冒頭にタイトルみたいなものは入れず、ストレートに「サンコー株式会社」と社名を入れさせていただきました。

商品本体はメディアでたびたびご紹介いただけていますが、並行して弊社自体のことも知ってもらいたく思って、書いてみたのがこちらのレターです。

サンコーという企業が、

◎どんなふうにして商品開発をしているのか。
◎面白家電のアイデアは、どうやってひねり出しているのか。
◎何人くらいの規模か。
◎年間売上がどれくらいで、どんな成長軌道に乗っているのか。

など、レターの1枚目にかなり細かく記させていただきました。

商品の面白家電だけじゃなく、**会社自体も面白組織**であることを伝えて、サンコーに興味を持っていただければと思ってのことです。

続く2枚目には、**いかに取材体制が整っているのか**を明記しています。ｅｋｋｙというキャラクターもご自由に使っていただけること、撮影用のスタジオも完備していることもお伝えしています。

これは「画」を常に求めているテレビのかたたちのことを考えての対応です。

カメラさえご持参いただければ、弊社内で商品撮影も可能。
そのガイドをするキャラクターも完備。
自宅リビングのようなセットもある――。
身軽な態勢で取材できますよ。

というメッセージでもあります。

レターの３枚目以降は、リリース同様に、商品イメージを明確に伝える写真をふんだんに盛り込んで、「こんなふうな画が撮れますよ」ということをアピールしています。

季節や時流に合わせて商品を入れ替えたり、売上の数値を明記することでイ

メージが膨らむようにしてあります。

商品紹介だけでは、会社の印象を視聴者の中に残すことは難しいです。

会社の取り組みや中で働く人など、会社そのものを取材してもらうという意味でもニュースレターは機能しているのです。

おかげさまで、ニュースレターを出し始めてから、コーナーまるごとをサンコー特集にしていただける機会が増えました。

ご参考【ニュースレター：サンコー株式会社の紹介について】

面白いのは商品だけじゃなく、会社自体も面白組織であることを伝えてみました。メディア向けにいかに取材体制が整っているのかも明記しています。

THANKO.jp　2023/6/19

サンコー株式会社

執行役員・広報部長／家電製品アドバイザー
ekky

・サンコーって？「秋葉原発 社員55名の家電メーカー」

コロナ禍において売上250%UPを達成。
（2019年度17億→2020年度44億円→2021年度37億円）
世の中に無いレアな家電や雑貨などを毎週２製品を発売（年間100商品）
コンセプトは「面白く」て「役に立つ」
2003年設立。社員数55名
2016年より家電分野に進出し、

売上急上昇中

2017年13億、2018年14億、2019年17億、
2020年44億円、2021年37億円
2022年11月30日 日本毛織株式会社（東証プライム上場）グループ入り

・全社員で毎週新商品のネタ出しを行う

数多くの商品を発売できる原動力は商品企画力。

THANKO.jp　2023/6/19

・年間テレビ紹介数200回　名物広報がご案内

サンコーに聞けば面白い企画が組めると各媒体様からの評判も上々。
約100種類のアイテムであらゆる方向でご相談に応じます。

サンコー名物広報（家電製品アドバイザー）「ekky」（広報部部長／執行役員）
奥様リメイクのオーバーオールと蝶ネクタイ。オーバーオールにはekkyの文字。
ekkyポーズでご挨拶、家電製品アドバイザー（総合）の知識と
満面の笑みで楽しくサンコーグッズをご紹介します。
TV出演実績 180回以上（2021年TV54番組 ラジオ４番組）
2023年７月 徳間書店より「伝える」をテーマとした本を出版
アニメ「お米戦隊マイマイマイ」声優
広報戦略 https://www.itmedia.co.jp/business/articles/2304/26/news097.html
PRマガジン主催PRAWARD 2021年度ベストPRパーソンを受賞
https://blog.cd-i.net/bji/award2021interview/
実はもと引きこもり。登校拒否児で人と話すのが苦手だった経験も
https://hatawarawide.jp/name/230112-1
ekky発案商品「洗濯物が自動回転するハンガー「くるくるカワりん」」、豚肉蒜自撮り棒など」

ekky
プロフィール

・商品発売（毎週２～３商品）　年間100商品以上

直営オンラインショップや秋葉原の直営店舗のほかに全国の家電量販店などでも展開。
ページが公開されるタイミングでニュースリリースを配信。SNSで度々バズることも。

・直営店舗「サンコーレアモノショップ」

発売商品を実際に試してみたい、見てみたいを直営の店舗で実現
秋葉原に２店舗展開しています。店舗での取材も可能です。

・直営オンラインショップ「サンコーレアモノショップ」

ユーザーがよりイメージしやすいよう商品を分かりやすく掲載。
見ているだけでも楽しめるサイトです。
https://www.thanko.jp
直販サイト月間PV（ページ表示数）145万回
直販サイト月間UU（訪問者数）　33万ユーザー（※2022年５月）

直営サイト

・事務所内に自社ハウススタジオを完備

事務所内に自社ハウススタジオ（約40m2）を併設。
社内で即座にイメージ撮影が可能。
番組撮影時にも自由にお使いいただけます。

ハウススタジオ

サンコー株式会社 広報部
〒101-0023 東京都千代田区神田松永町19 秋葉原ビルディング８階
TEL 03-3526-4323　FAX 03-3526-4322　pr@thanko.jp
（取材、サンプルのお貸出しなど、お気軽にご相談ください）

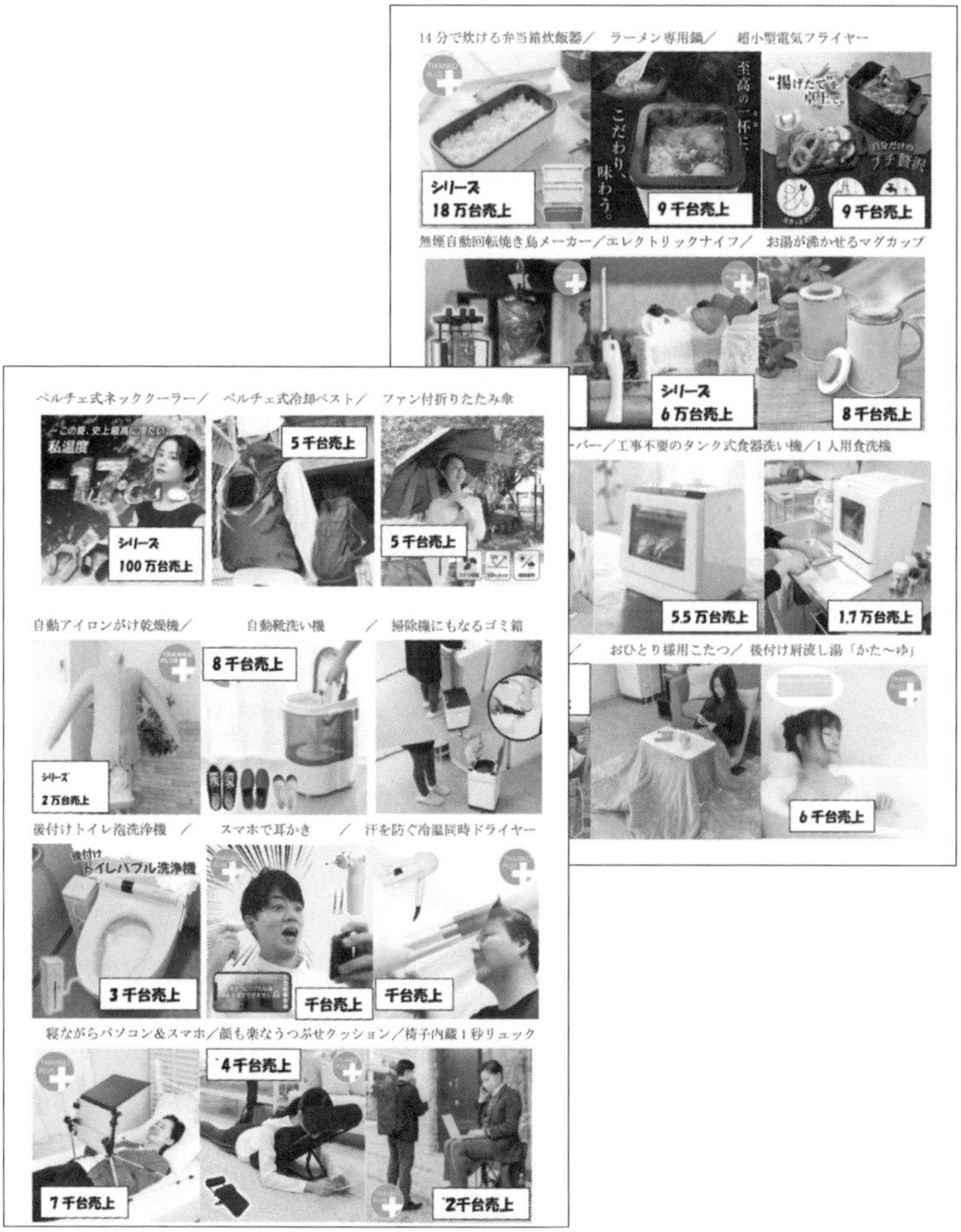

14分で炊ける弁当箱炊飯器／ ラーメン専用鍋／ 超小型電気フライヤー
シリーズ 18万台売上
至高の一杯に、こだわり、味わう。
9千台売上
"揚げたて"を卓上で。
自分だけのプチ贅沢
9千台売上
無煙自動回転焼き鳥メーカー／エレクトリックナイフ／ お湯が沸かせるマグカップ
シリーズ 6万台売上
8千台売上
ーバー／工事不要のタンク式食器洗い機／1人用食洗機
5.5万台売上
1.7万台売上
おひとり様用こたつ／ 後付け肩流し湯「かた〜ゆ」
6千台売上
ペルチェ式ネッククーラー／ ペルチェ式冷却ベスト／ ファン付折りたたみ傘
私温度
シリーズ 100万台売上
5千台売上
5千台売上
自動アイロンがけ乾燥機／ 自動靴洗い機 ／ 掃除機にもなるゴミ箱
8千台売上
シリーズ 2万台売上
後付けトイレ泡洗浄機 ／ スマホで耳かき ／ 汗を防ぐ冷温同時ドライヤー
後付け トイレバブル洗浄機
3千台売上
千台売上
千台売上
寝ながらパソコン&スマホ／顔も楽なうつぶせクッション／椅子内蔵1秒リュック
4千台売上
7千台売上
2千台売上

●即レスで新たな仕事を逃さない!

広報の仕事に限らず、**「レスポンス」**は大切です。

メールが届いたら、僕はどこにいようと即レスします。

待たせるのが申し訳なく思えてしかたないのです。

とくに取材の打診であったりすれば、そのチャンスは絶対に逃せませんし、「サンコーが連絡取れなかったから、次行くか」みたいなことになるのは、広報としては大きな機会損失ですから。

番組企画の方向性が決まると、メディアから取材の打診が来ます。

僕が想像するに、「こういう企画をやるから、関連商品を扱っているところを探してくれ」と指示を受けたリサーチャーさんやADさんが、何社もの広報

に一斉メールをしたり、電話をかけたりする。
それで連絡が取れ、取材可能となれば、その場で決定。
声をかけたメーカーに優先順位はうっすらとあると思うのですが、基本、**連絡が取れた会社の商品を取り上げていくはず。**
だから、返事の順番、レスポンスがカギを握るわけですね。

放送日まで日数のない中で取材をされていますから、連絡して一日たっても返事が来なかったら当然、別をあたることになります。

遅れて返事をくれた会社には、「もう決まりましたから」という流れになる。

だから情報連絡のスピードが、そのまま取材や出演につながるんですよね。

だから、**とにかく速攻で返事をして、商品についてわかりにくいことはあとでまた解説、「至急、資料を送りますから」みたいなかたちにしておく**わけです。

今の僕は基本、**メールは3分以内に返信**しています。

メールを受け取って簡単に回答するだけでも、キャッチボールになります。

僕はこんなふうに対応しています。


メールを受けたら、即レス、ただし、その場で判断を迷うようなことの場合は、

「メールをありがとうございます。必要とされている情報について、確認のうえ、すぐに折り返させていただきます」

と**拝受の連絡だけはすぐにでも出す**ようにしています。

メールを送った立場としては、**届いているのかどうかが不安な状態**なので、まずは一報を入れて、「情報を受け取っています」と応えるのが大事です。

先方からの連絡内容については、返信後、目を通し、それから改めて返信。商品情報、画像データ、会社の特徴から関連商品の資料まで、全部付けて再び即レスしています。

制作側が必要なところは全部、一発のレスポンスに添付しておくのです。

これだけで、先方の印象はだいぶ好意的に変わってくるのです。

画像データなどは、2ギガ、3ギガという重めなデータもあるので、毎回、ファイル転送アプリにアップロードしていたら時間がかかってしかたがない。

基本的には1回アップロードしたところは、**URLのリンクを90日間とか保存できるようにしておいて、リンクをコピペして対応**しています。

外出先や収録中だと、即レスできないこともありますが、ふだん、会社に届いたメールは、チャットレベルで来た瞬間に返しています。

1分で自動受信して未読のものはゼロにする。

レスポンスが早いところに話は集まってくる気がしています。

●「電話」で先方はあなたのどこを見ているか？

以前に比べると、電話でのやり取りは少なくはなりましたが、音声会話は、こちらの状況が相手にも伝わる部分が多くなるので、ちょっとした気遣いも必要です。

テレビのかたからの電話は、取材打診や商品貸出等であることに加えて、窓

口の広報担当者自身のことも、先方に伝えることになります。

そこでの会話のやり取りや対応から、**「この人はテレビに出していい人なのかどうか」**を判断しているところがあります。

◎聞かれたことに対して、短く答えられるのか。

◎声は通るのか。

◎考え方はちゃんとしているのか。

◎テーマに沿った内容で答えられているのか——。

僕のように自分をキャラクター化して、会社の顔役としても表に出るような広報はまだ珍しいかもしれませんけれど（P199からの対談でキャラクター化のお話をさせていただきます）、自社商品を広報担当者自身がメディアに出て紹介するような取り上げ方は、だいぶ増えてきています。

その人をテレビに出したいと思って電話をかけても、「あまりにもおかしな対応」「声が聞き取りづらい」「話が長く要領を得ない」と判断されれば、出演機会は見切られてしまうでしょう。

本書の冒頭で触れた『外郎売』、今日から試しておいて損はないですよ。

●他社の広報とコラボして提案する作戦

テレビで商品を紹介してもらうのは、自社だけの提案をして取り上げていただく場合だけではありません。

最近では、**企業同士でコラボする**のもありです。

例えば、A社さんが新しい商品を出したとしましょう。

その商品の関連キーワードを見つけて、その大きな傘＝テーマをつくり、

「B社さんで、**このテーマの枠に入るような商品**はないですか？」
とコラボ先を探して、一緒に企画提案をすれば、制作のかたが喜んでくれる場合もあります。

1社の商品のみでの提案よりも採用される確率は高まるはずです。

経営の立場からすれば、競合他社とあまり仲良くするのは、よしとしないところもあるかもしれませんけれど、**広報という仕事においては、逆に横のつながりも番組提案に活かしたほうがいいんです。**

一緒に企画会議をやれば、テレビがすぐ使えそうなリリースができ、みんなが一緒に出られるのも興味深い展開です。

他社が出たから、自社が損するということばかりを考えるのは、ちょっと古い考え方だと思います。

１社の商品だけでコーナーをつくるというと、商品というよりも企業名のみに特化した特集番組くらいしかできないんです。

節電のテーマで商品を取り上げたいけど、サンコーの商品しか候補がなかったら、番組が成立しない（もちろん、よほどの注目株であれば話は別です）。だったら、僕がコラボできる会社に声をかけて、一緒に企画提案をすれば、制作側にも喜んでいただける場合もあるし、商品紹介をしていただけるのであれば、こちらとしても願ったりかなったりです。

これはカッコつけて言っているわけではないのですが、僕は自分のやり方で自分だけがうまくいくのって目指していないんです。

メディアを見ているお客様が喜ぶ情報が、まだまだたくさん世の中に埋もれていると思っています。

メディアのかたもその情報を求めています。

だからこそ、メディアのかたに僕のようなやり方で、その情報をきちんと伝えることができるようになれば、会社もメディアもメディアのお客様も笑顔になる。そうやって世の中が良くなっていけばいいんじゃないかと思っています。

サンコーの商品も、最初は世の中で特殊がられたものが、今は当たり前になって、普及しています。

「ネッククーラー」「ネックファン」もそうですし、「自撮り棒」などもそう。

サンコーが仕掛けて世の中に広まって、認知されて当たり前になり、世の中の便利につながるのは、すごくいいことだと思っています。

第 4 章

自分の
キャラクター化が
「伝える」を
加速させる！

本質＝なりたい自分に変化すればさらに伝わる

●主婦層に受けるキャラクターになるには

「ekky」というキャラクターをつくったのは、僕がサンコーの人というより、ｅｋｋｙという**「商品を売るのではなく、商品の情報をお届けする人」**として覚えてほしかったからです。

芸人さん、タレントさんのひとりぐらいのイメージを持ってもらったほうが、堅苦しい説明感がなくなり、視聴者に気楽に見ていただけて、視聴率アップにも貢献できると思ったんです。

「この人、見たことがある」「あれ、何かで見たな」「前にもこの人、出ていたよね」とかのパターンを繰り返したあと、**「ekkyが出ている。今日は何を紹介するんだろう」**みたいな感じで認知してもらえるとうれしいです

ね。

そのために、見た目の印象が頭に残るキャラクター、情報番組を多く見ている**主婦層に心地よく受け入れられるキャラクターを目指して**、段階的につくり上げてきました。

最初のころはエプロン姿でテレビに出ていたのですが、2016年に、「とりあえず、名前を覚えてもらおう」と**ekkyのロゴをエプロンにアイロンプリント**したのがスタートでした。

僕の苗字の**「峪《えき》」**って、読みにくいし、親しみにくいように感じたんですよね。

2018年3月に**オレンジ色のシャツ**を着始めました。

サンコーがまるまる特集された**『タモリ倶楽部』**（テレビ朝日系）の収録日からで、タモリさんの横に座るには明るい色のシャツのほうが良いと思い、サンコーのイメージカラーでもあるオレンジを取り入れてみたのです。

オーバーオールになったのが2021年。

『がっちりマンデー!!』（TBS系）の収録中に、ディレクターから、**「エプロンだと、どうしても実演販売のかたとイメージがかぶる**ので、キャラづくりはちょっと考えたほうがいいよ」とアドバイスをいただいたのです。

誰にでも受け入れられる、とりわけ主婦層に好感を持たれそうな、明るく可愛いキャラということで、**ekkyの文字を入れたオーバーオールと蝶ネクタイ**という今のスタイルになりました。

これでキャラクターが、かなりしっくりきました。

ちなみに、オーバーオールの真ん中にあるｅｋｋｙのロゴマークは、洗っても落ちないアクリルの絵の具を使って**妻に手書きで描いてもらいました。**「夫婦仲が良いんだな」というイメージを持ってもらえたことで、より親近感が湧いたみたいです。

●笑顔は必須、結婚指輪は不要！

あと、絶対の約束が、笑顔を絶やさない。つくりものではない、本物の笑顔を。

笑顔は相手にも伝わっていきます。

笑顔が笑顔を呼ぶ。

「基本は笑顔」と心がけていると実際、笑顔がいつもの顔になったような気がします。

心がどんな状態であっても、笑顔でいれば、それも受け入れられるということなのかもしれません。

だから、僕の一日は、普通の人よりも、かなり笑顔の割合が高いと思います。

それと、大切にしているのは清潔感です。

視聴者の中でもとくに女性は、**清潔感が一定基準以下だと、嫌悪感しかなくなります。**

だから僕も、テレビに出るときには、自分で簡単なメイクをしたり、髪もそのタイミングによってセットしたり、手も映る場合は爪を磨いたりしています。

汚い爪が大映しになると、それだけでチャンネルを変えられてしまいますから。

男性は、相手の爪などあまり見ないですけれど、女性にとっての爪は、髪型と同じくらい気を使うところです。

テレビで喋っている男性が、そういうところに気を使っているかどうかで、個人に対してだけでなく、商品や番組への好感度も変わってしまうんですね。

結婚指輪もはずしています。

商品を紹介するときに、**商品以外の情報があることによって意識がそっちに行ってしまう**からです。

「この人、結婚しているんだ」などと考えさせる要素が商品と一緒に映り込むことで、せっかくの商品への関心を薄くしてしまいます。

余計な情報はなるべく入れずに、スムーズに説明に聞き入ってもらえるようにすることを心がけています。

さらに言えば、商品の見せ方、見え方も、かなり意識しています。商品を取り上げたとき、カメラの向きによっては、手で隠れてしまうことがあります。

カメラが撮っている映像をイメージしながら、どっちの手だったら商品が隠れないか、この向きだと照明が反射しちゃうかなとか、ふだんから自分でも撮影をしていることには、第三者的な目で撮影している様子を見られる効果もありますね。

ちなみに、**「ekkyポーズ」**が誕生したのは、2021年3月の**『グッとラック！』**（TBS系）に出演したときです。

何か特徴的な挨拶をしようと思い、**ekkyの頭文字「e」を手で表現した状態で笑顔を見せた**のが始まりです。

ekkyポーズをして登場の挨拶をすることで、出演時にスイッチが切り替わり、自分のテンションも上がります。

番組的にもウケていた様子で、出演する際は毎回行っています。

『めざまし8』(フジテレビ系)のスタジオ出演時には、主演者全員がｅｋｋｙポーズで盛り上がってくれて、これはちょっと感激しました。

●会社の「顔」として表に出ることの意味

これまで、広報だからといってメディアに出るということが決して一般的ではなかったものの、最近ではＳＮＳなどを使えば、自社がメディアになれることもあり、自分が表に出て自社商品の案内をする広報は増えてきました。

ｅｋｋｙというキャラクター化がうまくいって、僕も表に出るということにずいぶん慣れてきた感じがします。

もちろん、日々切磋琢磨というか、少しでも伝わりやすい言葉、発音、見せ方ができるように研究は怠りません。

テレビに出ることが趣味のように楽しくなっている今だからこそ、**気を付けるべきは「テレビに慣れた」と思ってしまうこと**です。

僕が独りよがりでテレビに出ても、意味はありません。

会社にとってもメリットのあることにするためには、ただキャラクターをつくるだけでなく、通る声で、トークの内容も視聴者の皆様に楽しんでもらえるようにしないとなりません。

会社の広報、ある意味、顔としてテレビに出るわけですから。

これは日々のフィジカルなトレーニングとはまた別の、イメージトレーニングの話です。

僕はまず、テレビでの広報活動が増えてきたところで、**「なりたい自分」を想像**しました。

会社にとって、もちろんテレビ局にとっても、メリットをもたらす自分であるためには、どうあるべきか、自分はどうなっていきたいのか。

そのイメージを持てるようになると、**そのために何が足りないのか**を考え始めるのです。

◎会社とテレビから喜ばれながら、自分が番組にどんどん出るためにはどんな能力が必要なのか？

◎その能力を得るためには何の経験、どういう経験をすればいいのか？

◎どういう技術、スキルが必要なのか？

そういうところまで落とし込んで考えていくと、今やるべきことが見えてくるはずです。

能力を得るためのコツは、**毎日の日課に落とし込むこと。**一気に頑張ると疲れてやめてしまいますが、日課にすれば続けられます。

●長い説明では自分ごととして受けとめてもらえない

僕が喋りの練習をしだしたのは、**テレビに僕が出ることによって、より視聴率を上げられるようにするため**でした。

単なるメーカーの広報ではあっても、演者として画面に登場している以上、そのコーナーは僕自身にトーク力がないと、視聴者の皆様はチャンネルを変えてしまいます。

それはつまり、僕を起用したことで、番組に迷惑をかけてしまったというこ

とです。

では、トークができる人間になるにはどうしたらいいか？

そのためにボイストレーニングに通うだけでなく、毎朝、アナウンサーのかたがたが滑舌を良くするためにしている**『外郎売』**の朗読を日課にしました。

『外郎売』は講談や歌舞伎で演じられる口上で、最初はテキストを見ながら読み上げていましたが、ペースを摑めるようになってくると、テキストから目を離して、声の大きさやタイミング、リズムを自分なりにアレンジしながら話せるようになってきます。

声のトーンを遠くにしたり、前にしたり、テンポを変えたりとか、『外郎売』自体にいろいろなパターンの抑揚が収まっているので、**人前で話すこと全般を覚えるための格好の教材**になるのです。

広報の仕事では、メディアに出る出ないにかかわらず、**喋って相手に伝える**場面が多いです。

その教材としても非常にお勧めですし、何より続けていると滑舌が変わってきて、**スムーズな伝え方=聞き取りやすい声**になっていきます。

そして、**短い言葉でわかりやすく伝えること。**とくにテレビ番組は時間が決まっているので、端的にわかりやすい言葉のほうが番組制作者から喜ばれます。

これについては、僕もふだんから気を使っています。

とくに話の中で言葉が詰まると、「ええ〜」とか「ああ〜」とか言ってしまいますよね。

僕もそうでした。

テレビ番組の広告換算をすれば、その数秒にさえお金が発生しています。

どう直したのかと言えば、「自分から気づくこと」しかありません。

自分が喋っている動画を録って、それを改めて見直すことが、自覚するには最適です。

きっと「え？　こんなふうに喋っているのか！」と驚くことでしょう。

まずその気づきがないと直しようがありません。

それで、今度は、そこをわかったうえで喋る、**考えて喋る。**

考えて喋る以外のときは、**むしろ口を閉じておいたほうがいい**と聞きました。

口が開いていると、無意識的に「ああ〜」とかの声が漏れてしまうのだそうです。

　喋り方の癖は、そうやってじわじわと修正していくことができますが、トークの内容については、さすがに難しい。

僕がテレビに出て痛感したのは、普通の人が喋ってもやっぱり面白くない、ということ。

芸人さんの底力を、目の当たりにさせられました。

トーク時間が短くても面白く、しかも内容がわかりやすい。

番組全体の構成を自分の中で確認しながら、どうつくり上げていったら視聴者の皆様が喜ぶのかなど、短時間の間で考えているようでした。

さらに、一瞬の間で面白いことを言う、引き出しの多さにも驚きました。これはさすがに真似できません。

そもそも、向こうは「笑いのプロ、**喋りのプロ**」ですからね。

だから、こちらとしてはそういうかたがたと同じ演者として出ていることを意識しながら、最低限、足を引っ張らないようにするしかありません。

一瞬の間で面白いことを言うためのトレーニングは、大喜利で鍛えています。

僕は「芝山大輔」さん（元芸人でネタ作家）というかたのＴｉｋＴｏｋ大喜

利ライブに参加して「そうきたか」と思っていただけるようなお笑いの経験を積んでいます。

僕のトークのパートの中だけでも、飽きられてチャンネルを変える動機になってしまわないように、**喋りはとにかく長くならないように、そして説明口調にならないように、**を常に心がけるようにしています。

商品の紹介、スペックなどをひたすら喋っていても、視聴者には覚えきれませんし、**その長ったらしい説明からは、その商品を自分ごととして受けとめてイメージすることもできません。**

●話し言葉も書き言葉も「間」で伝わりやすくなる

最近、ようやくわかってきたことなのですが、**自分が気分よく喋るスピ**

ードと、人が気持ちよく理解できるスピードはかなり差があります。

実際、ナレーターのかたって本当にゆっくり喋られるんです。

そうではないかたが、何かを紹介するときなどは、おおよそ早口になってしまいがちです。

だから僕は、常々**75％ぐらいのスピードを意識**するといいと思っています。

緩《ゆる》やかに、ゆっくり喋らないと、商品の紹介という異質な情報は、視聴者の皆様には伝わりづらく、わかってもらえないのです。

あと、僕が意識するのは**喋りの「間《ま》」**です。

間のあるなしで、伝わりやすさはまったく違ってきます。

ふだん、友達と話しているときでも、「あの人結婚するんだって」と言うのと、「あの人……結婚するんだって」では、伝わり方が全然違う。

大事なことの前では、基本的に間を空けるほうが強く伝わります。

例えば、番組でも、「お値段はいくら」と言うところは「ちょっと間を空けてください」と言われます。

視聴者の皆さんが最後に気にされるところでもあり、特に値段を当てるような番組に出させていただいたときには、「お値段は」のあと、3秒ぐらい空けています。

「間」については、文章も同じだと考えています。

第1章でも触れましたが、文章の隙間が大切で、**わかりやすい文章は風通しがいいんです。**

ぎゅうぎゅうに詰めた文章はわかりづらく、字面《じづら》だけ見ても、頭に何も入ってこなくありませんか？

隙間風が通るくらいが心地いい。これって、会話とまったく一緒じゃないかと思うのです。

「今日は晴れです」と言うとき、「今日は」の「は」という助詞にアクセントがついてしまいがちです。

一拍置いたりとか、そこが区切りだというところの感覚があって、強く読んでしまうんですよね。

でも文章的には、**「は」を強く発音することはまったく重要ではなく、その後の「晴れです」のほうが、伝えるべき部分**なので、そこを高くするなり、強くすることのほうがむしろ重要なんです。

細かなところですが、それを知ったうえで相手に話すことは、テレビの中だけのことではなく、普通の仕事の場、プライベートな会話であっても、伝わり方が違ってきます。

人前で喋るのに**「あがった」**という経験は、最初のころだけでした。

テレビショッピングの番組でしたけど、それはあがるというより、**「慣れていなかった」**だけだとあとになって気づきました。

基本的にあがるかたは、失敗を恐れているからなのだと思います。

「大丈夫かな？　できるかな？」と最初のうちは、自分の失敗が取り返しのつかないことのように思えてしまうのかもしれませんけれど、失敗したって、**自分が思い詰めてしまうほど基本的に誰も気にしていないものです**（もちろん、限度はありますけれど）。

逆に、小さい失敗をしていないと、いきなり大きな失敗を招く可能性もあります。

何かを始めようとしたときに、できないのは当たり前、経験値が低いだけであって、**たいがいのことは経験を積めばできるようになる**ものです。

できないのが当たり前と考えれば、何でもチャレンジをして、できるようになっていけばいい。

そういう考え方を持たないと、なりたい自分にはなれないんじゃないかと思います。

これを僕は、**ドラクエ式人生**と呼んでいます。ドラクエ（ドラゴンクエスト）とはプレイヤー自身が主人公となり、敵と戦って冒険をするロールプレイングゲームです。

現在の経験値がレベル1だというのをわかったうえで、自分のスキルと経験値をそこから積み上げて、なりたい自分になっていくというのが、地味ではありますけれど、いちばんの近道だと思います。

●他人から見て100%の仕事も70%の仕事も大差はない

僕は**100%にこだわらない**ことを心がけています。

自分が１００％のクオリティということを意識していても、**他人から見たら、70％も１００％もそれほど変わらない**ものなのです。

例えば、資料づくりなどは、枠線の位置だとか、ちょっと隙間があるとか、デザイン上の見せ方に一生懸命になりがちな広報担当者って、少なくありませんよね。

ただ、そこは**「伝えたい情報」という核心からすれば、周辺のことにすぎません。**

誤字、脱字は良くないですけれど、重要な所＝本質以外の「どう見せればいいか」などに時間をかけるくらいなら、70％の完成度で早く情報を伝え、相手が必要なものの方向性をその後すり合わせていったほうが、本来の目的からすればよほど展開が早いです。

１００％にこだわった結果、余計なところばかり見てしまって、費やした時間の割には、先方に対する影響力は望んだほど大きくない、なんてことは少なくないのです。

第3章で記した **「即レス」** に関しても、同じことが言えると思います。

届いたメールにその場で受信した旨の連絡、そして、内容に関しては、まずは自分がわかる範囲で応える。そのうえで、もっと必要であれば追加すればいいんです。

最初の返信を自分の中で100％の仕上がりにこだわってしまっていては、時間がかかって仕方ないですし、そもそも仕事が回りません。

広報の中には、関係スタッフ全員に聞き込みをしたうえで、すごく長い返信の文章を書いて送る人もいるようですが、求められているのは、そうではないんじゃないかと思います。

大切なのはスピードなんですね。

送り手側の100％というのは、案外、受け取るほうにとっては重荷になるのです。

相手がどの程度のものを望んでいるのかよりも、自分のほうで余すことなく伝えたいことを入れ込むことばかりにこだわることで、かえって伝わりづらくなったりもします。

もう一つ、大切なのは**「まず動いてから調整する」**ということです。

思い立った瞬間に動かないと、やる気というのは、どんどん薄くなってしまいます。

まず全体の5％でも10％でもいいから手をつける。それで勢いがつくはずです。意外と時間もかかからなかったりするものです。

「これのあとにしよう」

「これとこれが終わってからやろう」

などと考えていると、まずあと回しになったまま、やらずに終わってしまうことも少なくありません。

「後回し」にした仕事って、その後に手をつけてもすごく成果が悪くないですか？

未処理のものが頭の中にあると、忘れたつもりでもどこかでずっと引っかかってしまうものです。

スムーズに「まず動く」ことを躊躇《ちゅうちょ》する人もいますけれど、先にあれこれ考えてしまうと止まってしまいます。

だから、**その場で処理**――これを無意識でやってしまうのです。考えるより先に体を動かす感覚。

僕のメール受信体制は、３台のモニターを前にして、常に自動受信状態です。

「スケジュール、明日空いていますか？」

「このテーマで番組を企画しているのですが、何か商品はありますか？」

とか、着信した順にその場で全部処理をして未読はゼロにしています。

完成度70％の返信でも構いませんし、もっと言えば、10％の返しであっても、その場で即対応する意味は大きいのです。すぐ相手に返して反応を見たほうが、相手の求めているものも見えやすいのです。

僕が思っているイメージと相手のイメージに開きがあったら、それを修正する時間はあとになればなるほど困難になってしまうことが多いものです。

●広報とは「関係性」を生み出す仕事です！

広報の会話でよくあることですが、

「プロモーションとPRはどう違うか？」

簡単に言うと、プロモーションが販売促進活動で「どのように商品を売るか」を意味します。

一方、PRは、関係性を築くための活動全般を指します。

広報って、お金を使って情報を伝えるのではなく、**企業と企業を取り巻くすべての人々との間にどのような関係性をつくっていくのかが本質**になります。

だから、**「Public Relations」**（公衆とのかかわり）＝PRなのです。

自社のみに利益がある一方的な関係性ではなく、自社と公共と顧客それぞれが利益を得る関係性であること。

僕は、広報というのは、社内のスタッフも含めて、すべての人たちと会社の間に良好な関係をつくるための仕事だと考えています。

そのためには、まず、すべてのかたと良好な関係を築くことができるコミュニケーション能力が必要になります。

◎相手が望んでいること、相手の会社が望んでいることは何か？

◎何をどのように伝えれば伝わるのか？

◎この人（この会社）との信頼関係はどうしたら築けるのか？

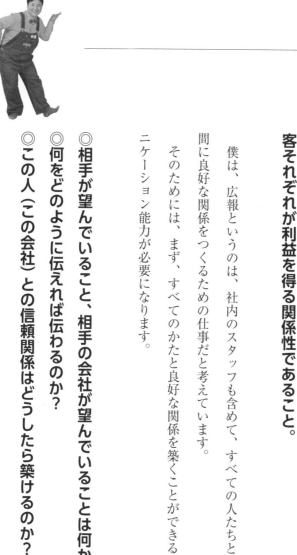

こうしたことを、いつも考えていなければなりません。

僕は、そこにやりがいと楽しさを感じています。

何をしているのがうれしいかと言えば、僕は知らない人と仲良くなったり、人間関係をつくること自体に喜びを感じています。

仕事で見知らぬ人とやり取りをするのは、難しいことです。

でも、基本スタンスが**「相手のため」**というところにあれば、伝えるための関係を築くことは、そう難しいことではないのです。

どうすれば
伝わるの？
対談

vs. 金森匠氏

（放送作家・ブランド戦略プロデューサー）

テレビが取り上げる基準を教えてください！

メディアで紹介されて爆発的な大ヒットにつながるケースは多い。とくにテレビは、ウェブやSNS全盛の現在でも、拡散効果は群を抜いている。本書の締めは、テレビ業界に携わること25年、担当した番組は5000本以上、目を通したプレスリリースは10万通以上、さらにはブランド戦略にも長けた才人との対談から、伝え方の極意に迫る。それでは ｅｋｋｙさん、テレビが取り上げたくなる勘所を聞き出してください！

広報が知り合っておくべきテレビマンは……

ekky　金森さんは放送作家として長くテレビの世界に携わり、さらに企業のブランド戦略プロデュースのお仕事もされています。僕も参加させていただきましたけれど、広報担当者が集うコミュニティも主宰されていますよね？

金森　はい。**雑談法人『広報は夜の7時』**のことですね。

ekky　始めたきっかけは何だったんですか？

金森　コロナ禍なんですよ。あのせいで、人に直接会うことができなくなっちゃったでしょう。もちろん、先方の会社にも行けない。これまでは各企業の広報やPR担当者は、自社の広報資料を用意してテレビやラジオのほかウェブ、印刷系のメディアの担当者に直接渡しに行く**「メディアキャラバン」**をやっていたのですが、これが完全に不可能になった。こうなると、メールや電話か資料の発送しか手段がなく、広報活動は大幅に制限されてしまいます。旧知の広報のかたたちからもそんなSOSが僕のところに来まして、「じゃ、ZOOMで雑談でもする？」と、3〜4人ぐらいで雑談会を始めたのがきっかけですね。

どうすれば伝わるの？
対談

金森 匠（かなもり・たくみ）

上智大学卒業後、総合商社勤務を経て、テレビ業界へ。フリーランスの放送作家として番組制作に25 年以上携わり、これまでに報道、バラエティー、情報カルチャー、スポーツ、ドラマなど5000 本以上の番組の企画・構成を担当。日本脚本家連盟所属、一般社団法人PRカレッジ代表理事。目を通したプレスリリース10 万通。著書に『テレビを見るだけで雑談力が爆上がりする魔法のスキル』（徳間書店）。ベンチャーから大手まで企業の広報PR 担当者1300 名が参加するコミュニティ『広報は夜の7時』を主宰。

◎公式Facebook：雑談法人 広報は夜の7時
https://www.facebook.com/groups/690564375029545/

話しているうちに困っている広報がかなりいることがわかって、じゃあ、僕が現場とつないであげようかなと思ったんです。今年でテレビの仕事は25年目で、そこそこのつながりはありますので、お役に立てるかなと。広報の皆さんにオンラインで集まってもらったところへ、メディアの人を連れてきて、つながりを持ってもらう形式ですね。会の名前は、だいたい夜の7時くらいから雑談をしていたことからつけました。

ekky　広報が知り合っておいたほうがいいテレビ関係者というと、プロデューサー、演出、チーフディレクターとかですよね。

テレビが取り上げる基準を教えてください！

金森　例えば、**放送が毎日ある帯の情報番組とかだと、スタッフ全体で200人くらいいるんですが、ネタの決定権のある人はその中のひと握り**です。その中から僕なりにチョイスして、広報のかたにとって紹介したら喜ばれる人、押さえておくべき人だけを連れてきて、雑談の流れで勉強会みたいなことをやってみたら、結構好評で、半年もしないうちに「もっとテレビのことを知りたい」と参加する広報のかたの数が急に増えだして今に至っています。

ekky　現在、登録者は約1300人ということですが、具体的にどんな話をされているんですか？

金森　現場のリアルな感覚をお伝えしています。こうやって付き合うといいですよ、みたいな作法ですね。テレビの中のことって広報の皆さんもあまり知らないというか、ブラックボックスなんですよ。現場の広報であるエッキーさんにこう言うのは申し訳ないんですけど、**番組の制作サイドって基本、広報やPRのかたたちのことをそれほど気にしていないんです。**

ekky　そうなんですね。確かに、忙しいお仕事ですし、いろんな人に会うでしょうから。

どうすれば伝わるの？
対談

金森　でも、逆に言うと、僕らも広報という仕事がわかっていない。「ロケ現場で窓口になる人」「事務的なやり取りをする人」くらいの認識のテレビマンも少なくはないと思います。雑談会をきっかけに広報のかたたちとの人脈がさらに広がったこともあって、僕なりに広報という仕事を改めて勉強しなおしてみたんです。70冊くらい広報関連の本を読んだりして、結構発見があったんですよ。よくあるのが**「自社商品を紹介してもらうためのテレビ攻略法」**。テレビの現場の立場からすると正直、「えっ、何、これ？」でした。**「こんなんで引っかかるわけがないじゃん」**っていう。結局、制作サイドの情報は外に出ないから、外の人たちが想像で言っていたり、自分の体験の範囲だけで書いているんでしょうね。実態に沿わないロジックばかり言っている。こういう情報をありがたがるのって何か無駄だし、「広報の人ってこんな気持ちでテレビを狙ってるの？」と思ったらやや呆《あき》れもしました。

ekky　僕もテレビのかたたちからお声掛けいただいて、お仕事をご一緒するようになってよくわかりましたけれど、キャラバンよりも確かで効率のいいルートはありますよね。

リリースに機能性ばかりを書く無意味

金森　現場のリアルをお伝えしていると先ほどお話ししましたけれど、他にもプレスリリースの書き方、切り口の考え方について、「テレビ屋がどうやって企画を考えるのか」をベースにアドバイスしています。皆さんが最も頭を悩ませているのは「どうすればメディアに取り上げられるのか」。実際にプレスリリースを送ってもらって、「こんなタイトルにしたら、僕は商品を見たくなっちゃうね」とか添削もしています。

ekky　金森さんのもとにもリリースが届くと思うんですが、「これ、使えそうだな」と判断するポイントはどこにあるのでしょうか？

金森　**タイトル**ですね。短くてすぐ頭に入ってくるかどうか。それ以外の**長ったらしい説明はほとんど読まない**ですね。申し訳ないけど。あとは「今なら世の中的にウケるな」と思えることがポイント。社会性の有無みたいなことも含めて判断します。そして**「ウリ」がひと言でちゃんと言えているかどうか**。

ekky　メーカーによっては、特徴や長所をとにかくたくさん並べたリリー

スも多いですよね。

金森　ありますね。読まれないリリースの典型的なやつです。**パッと目に留めるときって、機能やスペックってほぼ関係ないんです。**興味を持ったら制作サイドで勝手に調べるし、わからなければこっちから質問します。「当社独自の技術力と開発により、圧力釜のパワーがアップしました」などの説明は不要。むしろ「1分で炊けます」と言われたほうがわかりやすい。パソコンだったら「CPUの処理速度が――」とか言われてもよくわかんないけど、「開けたら即、起動します」って言われたら、もうそれだけで「お、便利だな」と思わせられる。**「この機能のおかげで、他のことができる時間を生み出せる」**ということだけ伝えられれば、受け取った消費者はその商品を使うイメージを自分の中でどんどん膨らませてくれるものです。

ただ、そういう書き方って、社長さんあたりから「高機能の背景を書かなきゃダメだ」って直されるケースが多いようですね（笑）。

ekky　プレスリリースあるあるです（笑）。会社のトップや開発担当者が「良いところを全部押し出せ！」っていうかたちにしがちです。そのぶん、時間やお金もかかっていますし、つくり手が自分たちの努力を伝えてほしいのはわかりますけれど、ユーザーにはあまり響かないんでしょうね。いちばん大事なのは、**自分にとって使って便利なのか、使って気持ちがいいのか**ですから。

サンコーの商品で『瞬間湯沸かしケトル「ホットウォーターサーバーmini」』を発売するとき、僕はリリースに「ペットボトルのお水を約2秒で沸かせて」とひと言加えたんです。**数字が入るとインパクトが違いましたね。**

金森　ekkyさんは開発担当じゃないのに、いろいろな商品を研究されていますよね。それに広報としてキャッチコピーなども手掛けているから、ユーザーがその商品に対して欲しているものがすぐに画として浮かぶんですよ。「2秒で沸く」＝「早く飲みたい」というニーズにすぐにつながってくる。今も売っている商品で「玄関あけたら2分でご飯」とかありましたけど、これも秀逸ですよね。おなかが空いて帰ってきて「すぐにでも何か食べたい！」という欲求に対して、2分という短時間でご飯が食べられるというイメージがダイレクトに伝わってくるでしょう。

メーカーさんは基本、マーケティングをして**「お客様がなぜこれを必要とし**

ているのか」という根拠に基づいて製品をつくっているはずなので、それをメディアにも伝えればいいんです。例えば、扇風機のリリースをつくるときがあったとすれば、「前の製品よりも回転速度が大幅増加」とか高性能ぶりをアピールしていると、「別にそこは必要ないよね」と。例えば、コロナ禍の始まりのころにリリースをつくるのであれば、「ちょっとした空間でも空気を循環させて『密』にならないために」とか「クーラーも大切ですが、窓を開けて部屋の空気を循環させることも大切。そんなときにこの新・扇風機は――」なんて具合に、その時期でのニーズを刺激してあげるような文言が載っていれば、「あっ、これ、必要だよね」ってなるんです。

リリースは一方的に思いを伝えるものではない

ekky　金森さんは、**ニュースリリースを「パーティーの招待状のように書きなさい」**と話されていますよね。

金森　パーティーの招待状って、もらってうれしくない人はいないですから。

いわゆる広報のマニュアル本などには、「プレスリリースはラブレターのように書け」なんて記されていたりしますけれど、僕は違うんじゃないのかなって思いますね。**ラブレターの「自分の思いを相手に伝える」って一方通行**なんです。それをもらう準備ができていない相手にすれば、いきなり熱い思いをぶつけられても面食らうだけですよ。ｅｋｋｙさんも、この本の中で同じ考えを書かれていますよね。

ekky　はい。伝えること、すべてのコミュニケーションは、**伝えたい相手が受けとめられる体制になっているかどうか**が始まりですから。まずは、相手が興味を持ってくれる様子をイメージする。伝えたい側と伝えられる側との関係性ができていないと、狙い通りにいきませんよね。

金森　ボールを投げるときに、「投げるよ」って言わないと、相手は準備できない。「準備ができたな」って思ってから、相手の胸を目がけて投げるのが伝えるスタートですよね。ラブレターのような熱量は大事だけれど、一方的にそれを投げても伝わりません。**「思い」は「重い」になっちゃう**。「そんなものもらっても困るだけだ」って思われます。「楽しいことやってますよ」「良かった

ら見においで！」くらいの感じだと、「え？　どれどれ」という気持ちになるものなんです。

ekky　そうですよね。こっちの熱意があまりにも強すぎると、相手はひいてしまう。僕はとにかくわかりやすく、押し付けがましくならないように意識しています。「こういうものを出しました」と短く、そして「こういうときに使えますよ」と説明よりも実際に使っているときの写真を並べて、頭の中にイメージしやすいようにしています。スペックは最小限ですね。

金森　ｅｋｋｙさんのリリースって、**「よかったら来てみませんか？」**というまさにパーティーの招待状感覚なんですよ。今、ビジュアルのことを指摘されましたが、これも大事な要素。テレビ屋は、映像で情報を処理します。話を聞きながら、その**画が浮かぶかどうか**に考えをめぐらせているんです。テキストベースでまくし立てるのは、ちょっと一方的すぎますね。テレビ屋に対してのことに限らず、**「相手の頭の中にあるスクリーンに、自分が伝えたいことを描いていく」**っていう意識で情報を発信することが大事なんです。

ekky　それは日常的なコミュニケーションや関係づくりにおいても大切な

ことですよね。

金森　その通り。例えば、ひと口にオレンジ色と言いますけれど、認識している オレンジ色って実は人それぞれなんです。僕にとってのオレンジは、僕の頭の中のスクリーンに映っているオレンジでしかない。ｅｋｋｙさんがイメージするオレンジとは、同じオレンジ色でも形や色身なんかもたぶんちょっと違う。なので、お喋りをするときにも、「相手の頭の中のスクリーンに――」という意識が必要なんですよ。画に結び付けられるような具体的な言葉、それこそ形容詞や副詞、擬音とかも駆使して。伝えられた側もイメージが膨らんで、それが例えば、太陽の恵みをいっぱい吸い込んだような、青空に映えそうな鮮烈なオレンジ色の果物をスクリーンに映し出させることができれば、瑞々《みずみず》しさ、テレビ屋がいうところの**「シズル感」**も伝わって、それを買いたい気持ちにもなる。そういう意味でも、ｅｋｋｙさんのリリースは制作サイドとしてイメージが浮かびやすいんですよ。キャッチコピーもすごくわかりやすい。

ｅｋｋｙ　ありがとうございます！

リリースの束の中に「宝」はない……

ekky　商品の魅力をひと言でわかりやすく伝えるのってかなり大変なんですよね。とくにうちの商品って、変わったものが多いですから（笑）。商品名についても、ヒット商品で『おひとりさま用超高速弁当箱炊飯器』というものがあるんですけれど、これは弁当箱型の炊飯器なのか、炊飯器型の弁当箱なのか、並べ方で商品としての意味が変わってきます。

　言葉を短くすることに加えて、とにかく難しい言葉は使わないということですね。そういう言葉って僕自身が拒否反応を示すんです。人気のビジネス書にあるような**マーケティング用語をふだんの会話や会議の中で使っている人**を見ると、「どういうことを伝えたいのかな?」って一拍おいたかたちになってしまいます。参加している全員が同じイメージを湧かせる言葉であればベストですけど、ひとりでも中途半端にしか理解できないような言葉で進めてしまうと、その人を置いてけぼりにすることになります。それって、伝えたい相手のことを本気で考えていないんじゃないかなと思うんです。

テレビが取り上げる基準を教えてください！

金森　情報を受け入れられる態勢になっていないと、言葉は自分の中で処理できないですよね。難しい言葉や漢字を使った説明って、ハナからそれを拒ませるんです。

ekky　情報というのは、まず相手に受け入れてもらえる態勢や興味を持ってもらったところへ、**すんなり理解できるシンプルな言葉を手渡すことで伝わる**と思うんです。そこに写真も添えてあれば、イメージも膨らみやすい。最初にたくさんの情報を入れ込みすぎると、受け入れることを拒否されてしまう。金森さんは先ほど、リリースのタイトルで判断すると言いました。「これ、面白そうだな」と感じたら、その後の流れはどんな感じなのですか？

金森　タイトルを見て「面白いな」と思ったら、その下の「ボディ」といわれる文章部分をざっと読みます。気になったところがあれば検索して、動画などがあればそれをチェック。で、「もうちょっと聞きたいことがあるな」と思ったら、リリースの連絡先を見て電話。メールより電話ですね。早いから。

情報番組を例に挙げると、番組内の特集を組む方法は大きく分けて2種類あるんです。一つは、時期的なところからの組み立てで、「初夏に○○特集をや

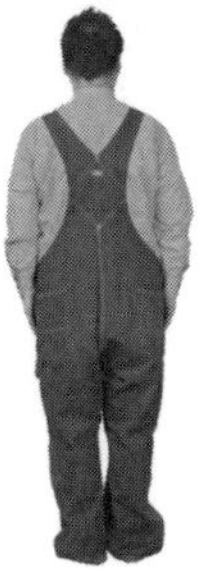

ろう」みたいなざっくりとしたフレームをつくって、そこに当てはまるものを探していく。もう一つは、商品基点のケース。資料を見ている中で「2秒でお湯が沸く」グッズに関心を持ったとすれば「時短グッズの特集やるか」と思いついて、類似商品を探していく。ただ……。

ekky　ただ……？

金森　リリースをそのまま取り上げることって、ほぼないんです。テレビ屋との付き合い方で、大事なことを一つ挙げますね。制作側の人間って**「ネタもフレームも自分たちで探したい、考えたい、クリエイトしたい」**ものなんですよ。だから、売り込みラブレター系リリースは嫌なんです。自分から見つけて声をかけにいきたい。ラブレターだと感じたところでシャッター閉めちゃうみたいな。

ekky　そこ、すごく難しいところですよね。ご自身の嗅覚とかってテレビのかたのプライドでもありますもんね。

金森　そうなんです。リリースを送ってきたり持ってきたりして、売り込みに来る人はいっぱいいます。いちばん来るのは企業の広報担当というよりも、委託されたＰＲ会社ですね。とにかく頻繁にいらっしゃいますよ。申し訳ないんですが、ほぼ直接話を聞くことはないですね。もちろん、秀逸な企画書やリリースであれば拝見しますけど。ｅｋｋｙさんからの提案書は別格。家電をテーマにしようということになると、まずはサンコーさんに行ってますし（笑）。

ekky　うれしいです！　ちなみに金森さんは、他社がつくった情報番組を見ることもありますか？

金森　細かくは見ていませんね。僕が構成を担当していたのは朝の情報番組『ＺＩＰ！』『スッキリ』で、両方にトレンドコーナーがありました。ここでもリリースから商品をピックアップすることはなかったです。とくに『スッキリ』のほうは、自分で見つけてきた独自ネタじゃないと認められない空気があった。**売り込みのネタをしれっと企画の俎上に載せていると、センスを疑われる**というか。

ekky　『スッキリ』は、２００６年スタートですから、僕がサンコーに入社する9年前ですね。

金森　一応、アシスタントプロデューサーがリリースの束を持ってはいるんで

すよ。ただそれも、会議で煮つまって**「何にも出ねえな」**ってなったときに、**それをパラパラと見て、「こんなん、あるんですけど」と取り出す程度。**演出の人間も「ああ、それか」みたいな反応薄めです。

広報のかたを前にして言うのは本当に申し訳ないんですけど、そこから拾い上げることは一度もなかったですね。磨けば光る原石はあるかもしれませんが、基本的に「そこにお宝がある」とは思っていないんです。

観光地・熱海復活の背景に対テレビ戦略

ekky　金森さんから以前、**生活情報番組は視聴者の半径3メートル以内の興味でないとダメ**とうかがいました。番組に届くリリースを見て、そこに合っているものはどれくらいあるものなんでしょうか？

金森　ほとんどズレてますね。とくにリリースの自動配信などは、その情報を受けとめて伝える側の意図も何もなく、無作為に流しているだけですからね。なので、報道番組あてに聞いたこともないラッパーの新曲リリースとかが届いたりする（笑）。そうした配信でも奏功することはゼロではないと思いますけれど、採用されるかどうかは別問題。テレビ屋の視点からいくと、**自動配信のリリースからピックアップすることは、ほぼない**です。配信サイトに載っているのって、もう誰でも見られる情報じゃないですか。配信業者さんからすれば、「クライアントおよび一般のかたがたまで、何百万人もの人の目に触れる広告効果の大きさ」を売りにしているんでしょうけど、テレビ屋って、**情報は自分でハントしに行きたい人種**。誰もが見ているネタは対象外ですよ。とくに制作側は、自分たちでクリエイトしたい傾向が強いのでなおさらです。

ｅｋｋｙ　ちなみに僕のリリースを最初にご覧になったとき、どんな印象を持たれたんですか？

金森　すぐに「ああ、テレビの制作現場のこと、すごくわかってるな」って。伝える側に立ったリリースを配っているっていうことは、完全にマーケットインのやり方ですよね。僕らにとってお客さんは視聴者、ｅｋｋｙさんにとっては、サンコーに来ていただくお客さんで、それがイコール視聴者となるわけで。僕らと同じ目線だなと思いましたよ。ｅｋｋｙさんのリリースが奏功している

理由は、**「制作の人間がどんな思いで番組をつくっているのか」**までわかっているからだと思いますよ。

ekky　リリースの束に埋もれなくてよかったです（笑）。

金森　ちょっと昔の話をしますが、**静岡県の熱海の復活**。昔からある有名な観光地ですが、すっかり没落していました。復活劇の背景にあったのは、観光協会の担当のかたが「この窮地を救うためには、テレビを呼び込むしかない」と腹をくくったから。**「ロケが必要なときには、いつでも連絡してください。24時間ＯＫです！」**と発信を始めたんです。情報の内容の面白さもあったのですが、それと同じくらい効果があったのは、「いつでも連絡ＯＫ」ということでした。テレビの現場って急に「明日、ロケ行くぞ」とか、「明日までに撮ってこい」なんてことがいくらでもあるんですね。基本的にＡＤが対応するんですけれど、ディレクターからそれを指示されるのが夕方なんてことが結構多くて、そうすると、どこに電話しても「本日の業務は終わりました」のアナウンスが流れて終わり。そういうときに、熱海は「ＡＤさん、いらっしゃい」と言ってくれるんですよ。夜中に電話しても「明日、ロケできるようにセットしときますね！」って。しかも、ＡＤのほうでするべき撮影施設の許可取りまでしてくれる。翌日、撮影クルーが熱海に演者を連れて行ったら、すぐロケができる態勢になっているんですよ。それで**「困ったときの熱海」「熱海に行けば何とかなるさ」**というのが制作会社に定着したことも、復活につながった要因だと思いますよ。そういう意味で、ｅｋｋｙさんの中にも熱海的な要素があるんです。

ｅｋｋｙ　確かにサンコーも、情報番組からの「明日の朝から収録したいのですが……」「１時間後、いけますか？」になるべくお応えするようにしています。レスポンスは徹底して早くしています。

金森　制作会社にとって、速攻で取材できるかはかなり大事なポイントです。商品紹介だけでなく、信頼関係の構築にもつながるんです。

「予定調和」よりも「不調和」が求められる

ｅｋｋｙ　金森さんは過去のインタビュー記事で、「大切なのは因数分解だ」という話をされていました。**『この商品は、こういうときに役に立ちます』と**

いったストーリーを考える」のだと。これも大事なことですよね、

金森　前に触れた「2秒でお湯が沸く」で言えば、「早くお茶（もしくはコーヒー）を飲みたい」という欲求を解消することになります。さらにそこで分解して考える。「早く飲みたいシチュエーションって、どういうところかな」って。そもそも「時短グッズ」であるのが、例えば「アウトドアグッズ」でもいけるし、「最新のホッとできるグッズ」としてもハマるかもしれない。「切り口変えればいけるよね」となるわけです。

ekky　**切り口の多面性**があるかどうかって、僕もすごく意識しています。新商品が出るときとか、この商品はどういうシチュエーションで使えるのかをまず考えて、そのシチュエーションごとの使用中の写真を用意します。使い方のイメージが湧きやすくなりますよね。**「〇〇でも使える」**っていう受けとめ方をしていただけるように気を配っています。

　そういえば以前、金森さんの番組スタッフがリュック特集でうちの商品を見にこられたときがありましたよね。重力に逆らったように重さを吸収するリュックという、今は販売が終了した商品。そうしたら皆さんは、「無重力」に関心を持っていただいたようで、リュック特集だったのが「これ、いい！　無重力特集でいこう！」って、その場でテーマを変更されていました。

金森　面白ければ、そういうのもありなんです。**企画は、面白いほうへと考えていく**のが当たり前ですから。撮りたいものを決めてロケに行ったけど、現場でもっと面白いものを見つけたら、そっちに行っちゃうってことはよくあります。「何でこれをやるの？」という疑問に対して、その回答、ちゃんとした大義があれば、問題ないんです。「これから暑くなるから、何か気候に合わせた切り口のほうがよくない？」となったりする。「なぜ今」の部分の切り口を変えて、「気候を軸に、他のものと合わせよう」となるわけですね。

ekky　その辺が臨機応変だし、ダイナミックですよね。

金森　アイテム紹介の企画で採用するかしないかには、共通の基準があるんです。**「なぜ今か？」ということと、「へぇ～」と思われる「新規性」。そして「予想を裏切る」もしくは「不調和」**ですね。「予定調和」っていちばん面白くないんです。ドラマの台本なら基本、一言一句その通りに言わないといけないけれど、その他の番組、とくにバラエティは、必ずしも台本通りにする必要が

ない。台本は流れを演者にイメージさせる段取り表みたいなもの。だから、演者は台本を超える努力をしなきゃいけない難しさはありますね。自分で面白くしなきゃいけないので、この領域で生き残っている人って、実はすごく頭の良い人たちばかりなんです。

ekky　すごく良くわかります。

金森　台本を書いた構成作家も、「台本よりは面白くしてくれよ」という気持ちで渡していますからね。だから予定調和より不調和、予想できない展開、想定外の展開要素が大事だったりするんです。サンコーさんの商品は面白家電ばかりなので、ハナから予想を裏切る面白さがある。「えっ、こうきたか！」と。テレビに合わせて商品開発をされているはずがないんですけれど、奇《く》しくもこっちのニーズに合致するんですよね。

ｅｋｋｙさんに番組に出てもらったときのことですけど、キャンプ特集で4人用のテントを紹介したことがありました。当時の担当ディレクターがまだ経験が浅くて、彼の書いた台本には、テントのスペックや機能しか書いてなかった。そういう場合、例えばフリーのアナウンサーとかだと、商品紹介が第一だという思いが強いから、台本通りにスペックの紹介に終始する。でもｅｋｋｙさんはそこで、**「このテントを使うと、家族４人がとても幸せな気分で過ごせます」**って変えてきたんです。この商品を使うことで、どんな気持ちになれるのかというところまで考えて説明してくれた。機能がどうのこうのと言われるよりも、端的に「幸せな気分」とひと言あったほうが皮膚感覚で見ている側に伝わる。僕らはこれを「台本を超えてくる」という言い方をするんですけど、ｅｋｋｙさんは普通にそれをやってくれている。

ｅｋｋｙ　ありがとうございます！

金森　だから、ｅｋｋｙさんがこの本で書かれていることってすごく大事なんです。伝えたい側、この場で言えばテレビ側ですよね。その立場に立って考えて広報活動をしているのかということ。広報担当者の腕の見せ所ですね。

商品が売れる以外のメディア登場の意味

金森　僕は広報には大きく二通りあると思うんです。ｅｋｋｙさんみたいに表

に出る人と、そうじゃない人。広報のミッションの基本は、**「自社の存在をもっと広く周知させていくこと」**です。裏方として緻密に仕事をする方法もあると思いますけれど、これだけ様々な情報が飛び交う現代では、存在を知ってもらうためには何かちょっととっぴなこととか、とがったことをしなきゃいけない。そのときには、誰かしらが表に出ていくしかないんです。なぜかというと、人は人にしか興味がないから。社長が表に出るか、広報が出ていくか。ｅｋｋｙさんはまさに成功事例ですよ。サンコーさんの場合は、家電というモノとして目に見える商品を扱っているから、ｅｋｋｙさんはそれを紹介するナビゲーターみたいな立ち位置が確立できている。個性的なビジュアル、キャラクターで出てきても全然ＯＫなんですよね。

ekky　これも多くのかたのアドバイスがあったからなんです。

金森　今くらいメディアに出るようになると、ｅｋｋｙさんあてに「どのくらいお支払いすれば、うちの商品を紹介してくれますか？」とか言われたりしませんか？

ekky　ないこともないですけど、サンコーの広報なので現状自社製品のみですが、サンコーにとってプラスになる場合の出演は、ご相談に応じることもあるかもしれません。知り合いに限ってではありますけれど、他社から広報のやり方のご相談を受けることは多くて、それに関してはお金もいただかず、無償でお話しさせていただいています。僕は、お金だけで価値を測るのって好きじゃないんですよ。何かをやって成功したら、対価はお金だけじゃなく、むしろそれ以上のものを得られたと感じる瞬間が好きなので。

金森　お金ということで考えると、「**広告換算**するのはナンセンス」という意見もありますが、ekkyさんのメディア出演での商品紹介を広告換算したら、軽く2ケタの「億」になってますよね! 朝の情報番組で考えれば、3分のCM枠なら1000万円分とされていますからね。昨年実績で年間300本ですよね? そうすると、だいたいそれくらいの広告換算ができますよ!

ekky　そうなんですか!

金森　ekkyさんの勇姿を見て、サンコーさんへの入社を希望されるかたも多いでしょう?

ekky　はい。あまり募集はしていないんですけど、たまに募集すると、僕

のことを知っていて、それがきっかけでご応募いただいたかたは多いです。

金森　そのことも会社にとっては大きな成果ですよね。今、一人雇うだけでも採用コストは相当かかります。とくに技術者とかの高度人材は、人材会社とかに頼むと、年収と同じぐらい支払わなきゃいけないと聞いたことがあります。

ekky　うちが優秀な人材を確保できたきっかけのいちばん大きな出来事は、２０１８年の『タモリ倶楽部』（テレビ朝日系）でサンコーのことを30分くらい特集していただいたときです。たまたま、そのとき、エンジニアを募集していたら、『タモリ倶楽部』を見て入社したいと思ったとの連絡が結構来て、デザイナーとエンジニアの2名が入った。彼らがすごく優秀で、人気商品だった「ネッククーラー」を大きく進化させてくれて、サンコー最大の累計１００万台超の爆発的ヒット商品にしてくれたんです。他にも『ガイアの夜明け』（テレビ東京系）や『Ｎスタ』（ＴＢＳ系）、『がっちりマンデー!!』（同）などでも特集していただく機会があって、**その都度、商品についてだけでなく会社への関心もかなり持っていただけた**ようです。そういう意味でも、サンコーはもちろん、僕自身もテレビに育ててもらった感じはありますね。

金森　謙虚な姿勢がテレビスタッフにもいい印象に映るんですよね。

ekky　そういう現場での柔軟性は、金森さんから学んだことですから。**「視聴者の気持ちになって、ひたすら考える」**ことの大切さは、広報の仕事にも非常に役に立っているんです。

引きこもりの少年が見つけた「伝える」という光
~あとがきにかえて~

ここまで読んでいただき、ありがとうございます。

僕なりの言葉で、「どうしたら伝わるのか」を書いてみましたけれど、なかなか思いのすべてを言葉にのせることって、難しいですよね。

これまでの広報としての経験のすべてを書くつもりで臨んだものの、まだまだ、あれも書き足りない、これも書き足りない、そんな思いでいっぱいです。

ただ、本編で記させていただきましたが、100%にこだわることが必ずしも、最大限の効果を生むものではありません。

70%以上の僕なりの思考は、本書に込めることができたと思います。

とくに、「伝える」という行為は、どんな美しい言葉を並べてみても、相手が受けとめる状態になっていなければ、無意味だということ。

これは、本書を通して伝えたかった僕の結論です。

読み終えたあと、ぜひ意識していただけるとうれしいです。きっと、あなたが「伝えたい」と思っていることの見え方が変わることと思います。

アニメを学ぶことで転機を図ったけれど……

初めての書籍を書かせていただき、そして何より、1年間で約60回もテレビに出させていただくようになった今、改めて思うのは、もともとの僕は、人前に出ることを好むタイプではなかったということです。

過去に受けたインタビューでも、話させていただいていますが、僕には、引きこもりの時期がありました。

僕は、小学校4年生から学校へ行かなくなりました。中学校からは完全に不登校です。

引きこもりの少年が見つけた「伝える」という光

〜あとがきにかえて〜

いじめられていたわけではないのですが、人付き合いが本当に苦手だったんです。

同じクラスの子たちも、僕に話しかけてくれることなどなくなっていって、たまたま登校できたときでも、かなり距離ができてしまっていて、話すきっかけさえ失い、一言も誰とも会話のないまま帰ってくるなんてことが続いていました。

そうなればなおさら、「学校へ行きたくない」気持ちは強くなって、朝になると体が動かなくなってしまうんです。

自宅にこもった僕は、毎日、アニメを観たり、ゲームをして過ごしました。今思えば、どん底の時間だったと思います。

それでも何とか、中学を卒業することができたので、卒業を契機に、軌道修正をしようと考えました。ここで自分を変えないといけないと思って。

アニメが好きだったので、一念発起し、代々木アニメーション学院へ入学したんです。

最初のうちは、クラスに溶け込もうと必死に通っていたのですが、周りの学生たちのアニメにかける熱量に気圧《けお》されてしまい、自分の情熱の少なさにがくぜんとしました。

自分を変えるために飛び込んだ、好きなアニメの世界だったのに、半年で辞めることになってしまったのは、自分でもショックでした。

パソコン通信が「伝える」ことの気づきを与えてくれた

再び家にこもるようになって、今度はパソコン通信で文字による「チャット」三昧。当時は、インターネットは普及しておらず、ニフティサーブという電話回線で直接接続する方式で、深夜になるといろんな人がチャットに参加していました。

とくに実りのある会話をその場でかわしていたわけでもなく、外の世界の人とのかかわりが完全に断たれてしまった日々の中で、悶々とした気持ちをチャットにぶつけていたような感じで、どうでもいいような内容のやり取りばかりしていました。

ただ、そこでは、本当にいろいろな人と出会いました。

人並みに女性にも関心を持ち始めていたころだったので、顔も見えない女性参加者とチャットをして、ふだんなかなか会話することがなかった女性とも会話することもできましたし、僕なんか以上に重たい人生を送っている人とつながったこともありました。

このチャットにはまった時間のおかげで、僕は様々な世代の人たちの、それぞれ異なった生き方や考え方に触れることができて、引きこもりをしながらも、社会というものの存在を薄《うっす》らと意識できるようになっていったのです。

代々木アニメーション学院を退学した翌年、僕は今度こそ人生を一変させるために、普通科の高校を受験しましたが、結果は不合格。

このときもかなり落ち込み、一度は引きこもりの生活に逆戻りしたのですが、必至で再チャレンジし、そのさらに翌年、僕は同級生に2年遅れて埼玉県の高校に入学を果たしました。

この高校が、パソコンの知識や技術を学べる普通科の高校としてはちょっと変わった教育方針の学校で、チャット三昧、ゲーム三昧のおかげですっかりパソコンに詳しくなっていた僕には、まさに渡りに船となったのです。

ゲームの主人公が壁を越える＝仕事と同じだ！

「人生を一からやり直そう！」

僕は高校3年間、無遅刻無欠席を貫きました。ここが最後の砦《とりで》、ここからまた脱落してしまっては、この先の人生はなくなってしまう——僕はここで自分を変えることができたのです。

今思うと、あの引きこもりの時間って無駄じゃなかったんです。

不登校で、自宅にこもってゲームばかりしていたことだってそう。

ゲームの主人公が経験値を積んで、できることを増やして成長していくことと、仕事での壁を一つずつクリアしてゴールに行き着く過程と重ね合わせて楽しんでいるのは、ゲームの良い影響です。

面と向かって人と話をするのは苦手だったけれど、パソコン通信のチャットなら、見知らぬ人たちと気軽に文字で会話ができる社交性も得られました。

相手目線で会話をすることの大切さ、顔が見えないだけに言葉を存分に駆使して対話をしていくことも、今の広報の仕事の原点であるのかもしれません。

もちろん、僕自身の力で引きこもりから脱したわけではなく、引きこもりになっていても僕を見放さずに信頼し続けていてくれた家族の後押しがあったことが大きかったです。

引きこもりのときって、親が何を言っても変われないんです。本人の考え方が変わらない限り、問題は解決できない。僕の親はそれをじっと待っていてくれた。もし読者の皆様の中に、引きこもりのお子さんを抱えたかたがいたら、お子さんを信頼してあげてください。そして、マンガでもアニメでもゲームでも、お子さんが興味を持つものに触れさせて、自分の力で立ち上がるまで待っていてあげてください。

すみません、話が少しずれました。そんな過去を経て、今の僕があります。

創業20年のサンコーの魅力をこれからも伝えていきます！

おかげさまで、弊社サンコーは、今年で創業から20年となりました。

ちょっとひねりのあるガジェット（電子機器）を扱うＥＣサイト『レアモノショップ』からスタートした秋葉原の小さな会社ですが、ニッチ家電の枠を超えて、今やサンコーだけでしか売っていない一芸家電のメーカーとして、世界に例がない商品を開発・販売する企業に成長しました。

僕の広報活動とサンコーのオリジナル家電販売の強化は、ほぼ同じタイミングでスタートしました。

弁当箱なのにご飯が炊ける『おひとりさま用超高速弁当箱炊飯器』や、自動で回る卓上無煙焼き鳥器『自家製焼き鳥メーカー2』、パンやケーキを美しく切れるコードレス電動包丁『エレクトリックナイフ』など、あると便利なユニーク家電を次々と発売しています。

サンコーの最大のヒット商品は、2017年6月から本格展開している『ネッククーラー』シリーズで、累計100万台を突破しました。

『おひとりさま用超高速弁当箱炊飯器』
https://www.thanko.jp/

2015年、僕の入社時、9億円ほどだった売上は、2020年度には前年度比250%アップの44億円と大躍進を遂げています。僕もそのころから、「メディアにとって使い勝手がいいキャラクター」として年に200回以上、テレビで自社商品の紹介をするようになりました。

この成長は、決して僕の力によるものではありません。サンコーという会社に集まったユニークな人材、アルバイトも含めた全社員の力の結集です。毎週、新商品のアイデアを全員で提案して、そこから年間100種類ものアイデア家電が発売されているのです。この力があるから、僕もその魅力を広く伝える広報の仕事に、ますます力が入るのです。

　この素敵な仲間と一緒に積み上げた仕事（商品）だから、僕は胸を張って、その良さを皆様にお伝えすることができます。

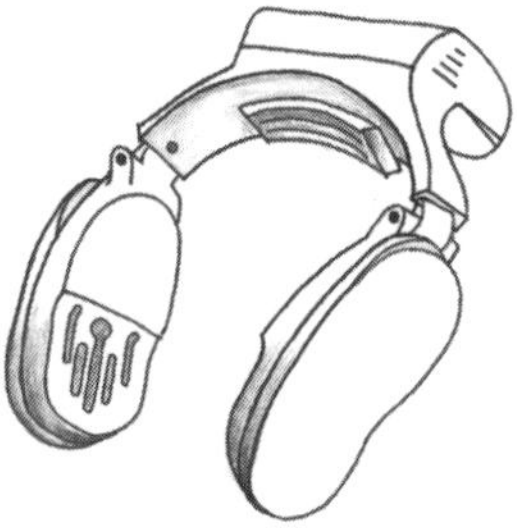

『ネッククーラーSlim』
https://www.thanko.jp/

　そして、僕は皆様のお役に立てるようなタイミングに、これからもサンコーの素晴らしさをお伝えしていきたいと思うのです。

　この本とサンコーの商品が、少しでも読者のかたがたの人生のお役に立ちますように！

ekky：峪晋介

取材・構成	原彬
装幀	木村友彦
写真	佐々木和隆
商品イラスト	涼乃
キャラクターイラスト	パンペ
出版プロデュース	森モーリー鷹博
協力	サンコー株式会社

塧晋介（えき・しんすけ）／**ekky**

サンコー株式会社 執行役員広報部長／家電製品アドバイザー。2021年度ベストPRパーソン受賞。1978年茨城県出身。幼少期を千葉県松戸市で過ごす。小中学校時代は登校拒否児・引きこもり。中学卒業後2年遅れて高校へ入学。高校では「お手本になる」と決意。コミュニケーション力を磨き、無遅刻無欠席を貫いた。その後、流通経済大学へ進学。大学卒業後、自動車ディーラーに就職。その後、家電のメーカーを経て、2015年サンコーに営業として入社。2017年広報部設立。メディア視点での提案を得意とする。自身を「ekky」というキャラクター化し、様々なメディアに出演。セミナー、講演なども行っている。テレビ紹介実績1400回、テレビ出演実績は200回を超える。

◎ twitter @shirokuma_ekky
◎ Instagram @shirokuma_ekky

年間200回メディア出演を実現させる

広報ekky流「伝わる」の本質

第1刷　2023年7月31日

著者	塧　晋介
発行者	小宮英行
発行所	株式会社徳間書店 〒141-8202 東京都品川区上大崎3-1-1目黒セントラルスクエア 電話　（編集）03-5403-4350／（営業）049-293-5521 振替　00140-0-44392
印刷・製本	三晃印刷株式会社

ISBN978-4-19-865659-1